NICYRS PWY?

EMILY HUWS

GOMER

Argraffiad cyntaf—1995

ISBN 1 85902 201 4

Dymuna'r cyhoeddwyr gydnabod cymorth
Adrannau'r Cyngor Llyfrau Cymraeg

Argraffwyd gan Wasg Gomer, Llandysul, Dyfed

'Jo-Jo?' meddai fy chwaer fach. 'Jo-Jo? Jo-Jo, be 'di'r rheina? Bermiwda shorts ydyn nhw? Ydi'r Ddraig Goch yn gwisgo Bermiwda shorts?'

Anghofiais y sgriw oedd y tu mewn i fy mol. Roedd o yno er bore dydd Sul. Ella ei fod o yno cyn hynny, ond bore dydd Sul y sylwais i ei fod o yno. Roedd o'r un fath yn union â'r sgriw hwnnw oedd yn sticio allan o gongol bygi babi dol Dana dro byd yn ôl.

'Estyn y sgriwdreifar o'r bocs tŵls ›imi, 'mach i,' meddai Dad. 'Mae'n rhaid trwsio hwnna. Beryg i 'nhywysoges fach leiaf frifo efo fo.'

A phan rois i o yn ei law fe dynhaodd y sgriw. Syllais ar flaen y sgriwdreifar yn ei droi rownd a rownd a rownd a'r sgriw yn mynd yn llai ac yn llai ac yn llai cyn diflannu o'r golwg o'r diwedd wedi gwasgu handlan y bygi at yr ochr yn ddiogel.

Gwyddwn yn iawn erbyn hyn sut y teimlai'r sgriw hwnnw wrth droi'n dynnach ac yn dynnach. Hen deimlad ofnadwy. Ac roedd o'n mynd yn waeth. Roedd o'n mynd yn waeth ac yn waeth. Yn gwneud i 'nhu mewn i frifo ac yn gwneud imi deimlo'n sâl, bron iawn â chyfogi, a doedd fiw imi ddweud wrth neb. Ond anghofiais o am funud bach.

Rhoddais bwff o chwerthin. Dana ydi'r unig un sy'n fy ngalw i'n Jo-Jo. Edrychais dros f'ysgwydd. Syllu mewn penbleth ar lein ddillad drws nesaf oedd hi.

Mae hi mor ddoniol ar brydiau. Fy chwaer fach. Nid y lein ddillad. Dychrynais am fy mywyd un diwrnod a neidio oddi ar y setî lle'r oeddwn i'n clertian yn braf yn gwylio fideo pan ruthrodd hi i'r gegin gan weiddi fod rhywun wedi saethu'r gath. Sgrialais allan i'r cefn gan ddisgwyl gweld 'rhen Smwt druan yn gorff gwaedlyd, ond dyna lle'r oedd hi'n cerdded yn heini ac yn sionc ar hyd top y wal a'i chynffon i fyny yn syth fel procer.

'Dyna fo, yli! Dyna'r twll lle mae rhywun wedi ei saethu hi.'

Pwyntiodd yn syth at y fan o dan ei chynffon, a phan eglurais i nad twll felly oedd o roedd hi wedi'i syfrdanu.

'O! bechod,' meddai hi gan ysgwyd ei phen. 'O! bechod. Bechod na fyddai ganddi hi nics, 'te, Jo-Jo? Mi fydd yn rhaid inni fynd i brynu rhai iddi, yn bydd?'

Llwyddais, o'r diwedd, i'w darbwyllo na fyddai Smwt yn gwerthfawrogi hynny o gwbl.

'Nicyrs ydyn nhw,' atebais hi rŵan.

'Nicyrs?' gofynnodd yn syn. 'NICYRS? Nicyrs pwy?'

Rhoi dillad ar y lein oeddwn i. Roedd yn rhaid imi. Doedd gynnon ni ddim mwy o ddillad glân i'w rhoi amdanom.

Doedd golchi'r dillad ddim yn anodd fel arfer. Dim ond eu stwffio i gyd i mewn i'r peiriant golchi a phwyso'r botymau iawn wedi rhoi'r hylif i mewn. Hawdd pawdd. Roeddwn wedi arfer gwneud i helpu Dad. Y drwg oedd fod ein peiriant golchi ni wedi torri a phan aeth Dad i'w fol o, fedrai o wneud dim byd. Fel arfer mae o'n medru trwsio pethau fel yna ei hun.

'Mae hyn y tu hwnt i mi,' meddai'r tro yma. 'Mi fydd yn rhaid imi gael peiriannydd arbennig ato fo.'

Fe aeth o'n ddistaw iawn ar ôl dweud hynny. Gwyddwn yn iawn beth oedd yn bod. Byddai'n costio'n ddrud i gael trwsio'r peiriant a doedd ganddo ddim pres. Roedd o'n siŵr o fod yn meddwl am yr adeg pan oedd o'n ennill mwy o gyflog na neb ar y seit adeiladu—ar draws pedwar can punt bob wythnos—am mai fo oedd y brici gorau oedd yno, yn medru gosod tua mil o frics bob dydd, os oedd o'n lwcus, ac os oedd o'n rhannu labrwr da i dendio arno fo efo brici arall. Ond roedd y cwmni adeiladu wedi mynd yn fethdalwyr a Dad wedi colli'i waith, felly rŵan doedd ganddo fo ddim ond pres dôl a phres lwfans teulu. Mae o'n aros nes bydd ganddo fo ddigon o bres yn weddill ar ôl prynu bwyd a'r pethau eraill 'dan ni eu hangen, i fedru cael trwsio'r peiriant golchi.

Wyddwn i ddim beth i'w wneud am funud bach pan sylweddolais fod yn rhaid inni gael dillad glân ac yntau ddim yno. Yna, fe ges i syniad ardderchog. Wel, roeddwn i'n meddwl ei fod o'n syniad ardderchog beth bynnag oherwydd roedd o'n lladd dau dderyn ar yr un pryd fel petai: cael dillad glân a symud meddwl Dana.

'Ty'd 'laen!' meddwn i wrthi. 'Estyn y bygi babi dol 'na. 'Dan ni'n mynd i'r siop olchi.'

Stwffiais yr holl ddillad budron i mewn i fag bin du a'i sodro fo ar y bygi. Lwcus iawn fod Dana wedi ei chael hi pan oedd Dad yn gweithio. Roedd hi'n un fawr, dda. Fyddai gan Dad ddim arian i brynu un gystal iddi hi rŵan a ninnau'n gorfod bod yn ofalus iawn efo pres. Estynnais arian o'r pot blodau wrth y cloc lle bydd Dad yn cadw arian, ac i ffwrdd â ni.

Roedd o'n andros o hwyl sleifio allan drwy'r cefn rhag i'r Ddraig Goch (dyna ydan ni'n galw'r hen wraig sy'n byw drws nesaf) ein gweld, a rasio ar hyd y stryd efo'r bygi. Bu'n rhaid inni stopio tua hanner y ffordd yno am ein bod ni'n chwerthin gymaint. Mi eisteddon ni ar y palmant am funud am fod gen i bigyn yn f'ochr a beth welson ni'n ffit-ffatian tuag aton ni ond rhyw hen wraig foliog yn llusgo troli siopa ar ei hôl. Am funud meddyliais fod ein hymdrechion i sleifio allan wedi bod yn ofer.

'Draig arall?' gofynnodd Dana.

Ond ysgydwais fy mhen. Deallwn pam roedd hi'n gofyn.

'Ydyn nhw'n perthyn?'

Wyddwn i ddim. Go brin, mae'n siŵr. Ond ches i ddim cyfle i ateb beth bynnag. Oedodd y bowlen gron o hen wraig biwis a chroes yr olwg gyferbyn â ni gan graffu'n gibddall ar y bygi a gwgu arnon ni drwy sbectol drwchus. Yn ei chôt frown flêr, a hen fflachod o sgidiau am ei thraed a'i choesau'n rhy denau i'w sanau, roedd hi fel rhyw gwdihŵ atgas yn rhythu arnon ni — ac ar y bygi.

'Oes gynnoch chi ddim cywilydd?' arthiodd yn flin. 'Gofyn i bobl ar eu pensiwn am arian i'w llosgi a thlodion druain y byd yma'n llwgu?'

Ac i ffwrdd â hi stwmp-stamp ar hyd y palmant.

'Meddwl mai Guto Ffowc oedd yn y bygi!' chwarddais.

'Ond dydi hi ddim yn amser Guto Ffowc, nac ydi?'

'Nac ydi.'

'Fel 'na mae hen bobl yntê, Jo-Jo? Yn flin o hyd. Bechod.'

Ie. Fel'na mae rhai hen bobl. 'Dan ni'n gwybod hynny'n iawn yn ein tŷ ni. Fe aethon ni yn ein blaenau, ac wrth lwc fe gawson ni beiriant gwag ar ein hunion yn y siop olchi. Roedd yno blant oedd yn dod i'n hysgol ni efo'u mam a bu Dana yn rhedeg rownd a rownd y bwrdd yn y canol yn chwarae tic efo rhai ohonyn nhw. Roedd hi eisio mynd i chwarae ar y peiriant yn y gongol hefyd ond doedd gen i ddim digon o bres. Mi faswn innau wedi hoffi mynd i chwarae ar y peiriant hefyd oherwydd roeddwn i wedi laru disgwyl i'r dillad fod yn barod. Ond y peth braf oedd na ofynnodd Dana ddim ble'r oedd Dad na phryd roedd o'n dod yn ôl gymaint ag unwaith. Roeddwn i mor falch. Gas gen i gwestiynau na fedra i mo'u hateb.

Doedd gen i ddim digon o arian i'w rhoi yn y sychwr.

'Dim ots,' meddwn i. 'Dydi hi ddim yn bwrw glaw. Mi sychan nhw ar y lein pan awn ni adref.'

Ond Dad fyddai'n arfer pegio'r dillad allan ar y lein ac roedd y lein yn uchel ac roedd

11

hi'n anodd imi gyrraedd ac roedd fy mreichiau i'n brifo. Doedd hi ddim mor anodd rhoi ein dillad ni'n dwy i fyny. Roedden nhw'n ddigon bychan. Dillad Dad oedd y drwg. Roedden nhw mor fawr ac mor drwm er eu bod nhw'n sych, a finnau'n gwneud fy ngorau glas i orffen rhag i'r Ddraig Goch fy ngweld i wrthi a dechrau meddwl ble'r oedd Dad. Fe allai hi fod wedi sylwi eisoes, wrth gwrs.

Doeddwn i ddim wedi dweud wrth Dana nad oeddwn i ddim wedi golchi dillad Dad ac mai dim ond eu hongian nhw yno a smalio eu bod nhw wedi'u golchi i daflu llwch i lygaid y Ddraig Goch a gwneud iddi feddwl nad oedd dim byd yn wahanol yn ein tŷ ni oeddwn i. Byddai'n cymdoges yn siŵr o fod wedi sylwi mai dim ond ein dillad ni'n dwy fyddai allan a dechrau amau fod rhywbeth yn bod. Doeddwn i ddim eisio iddi hi ddechrau holi a stilio. Roedd arna i ofn i Dana synnu a rhyfeddu'n uchel 'mod i'n rhoi dillad sych allan ar y lein a'i llais yn cario'n glir fel cloch yn syth i glustiau astud drws nesaf. Dychmygwn glywed Dad yn cwyno,

'Mi ellwch chi fentro fod yr hen gyrbiban fusneslyd yn clywed pob smic!'

O! Dad!

Roedd yno jîns a dau grys ac roedden

nhw'n lân a doeddwn i ddim am drafferthu i'w llusgo yn ôl ac ymlaen nac am wastraffu lle yn y peiriant. Doedd yno ddim lle i'w wastraffu, beth bynnag, oherwydd roeddwn i wedi golchi dillad ein gwelyau ni hefyd. Roedden nhw'n fawr ac yn anodd i'w hongian ac yn annifyr am fod y gwynt yn eu chwythu'n wlyb ar fy wyneb. Ges i 'nhemtio'n fawr i beidio â'u rhoi nhw allan. Ond straffaglio i'w rhoi nhw wnes i. Clywed llais Dad yn dweud,

'Does 'na'r un pry bach yn mynd heibio yn osgoi llygaid barcud y Ddraig Goch!'

O! Dad! DAD!

Meddwl y byddai hi'n sicr o sylwi nad oedd dillad gwely ar y lein ac y byddai'n bownd o ddweud wrth Dad y tro nesa y byddai'n ei gornelu fod y genod bach yn dioddef wrth beidio â chael newid dillad eu gwelyau yn ddigon aml ac y bydden nhw'n well eu lle mewn gofal efo rhyw fam faeth yn rhywle ac nad oedd bosib i ddyn sylweddoli peth mor bwysig oedd dillad gwely glân.

Dyna pam y rhois i ei ddillad o allan hefyd. Diolch byth imi ddigwydd meddwl y byddai hi'n sylwi nad oedd ei ddillad o allan a rhoi dau a dau efo'i gilydd.

'Nicyrs y Ddraig Goch, siŵr iawn,' meddwn i wrth Dana gan sefyll ar flaenau fy nhraed a stwffio'r peg olaf i'w le cyn codi'r polyn. Diolch byth.

'Ond dydyn nhw'n ddim byd tebyg i nics!' gwaeddodd.

Dyna lle'r oedd hi'n sefyll yn llonydd gan grychu'i thrwyn wrth syllu ar ein nics ni'n dwy yn sychu ar y lein, ac fel petai am wneud yn berffaith sicr a siŵr, gwthiodd ei legins i lawr a chraffu ar y rhai a wisgai cyn troi drachefn i edrych ar ddillad y Ddraig Goch yn fflantio'n braf yn y gwynt.

'Does 'na ddim lluniau bach del arnyn nhw.'

'Does dim rhaid iti gael lluniau ar nics, 'sti.'

'Nac oes?'

'Nac oes.'

'Does 'na ddim sgwennu arnyn nhw. Does 'na ddim patrwm chwaith.'

'Does ddim rhaid iti gael sgwennu na phatrwm, siŵr iawn.'

'A does 'na ddim ffrilen. Dim un.'

Roedd meddwl am y Ddraig Goch yn gwisgo nics efo ffrils yn ddigon imi gael ffit fflat a sterics piws. Fedrwn i wneud dim byd ond chwerthin.

'Does 'na ddim ruban arnyn nhw.'

'Nac oes, dwi'n siŵr.'

14

'Ond fedri di gael nics heb luniau na phatrwm na ffrilen na ruban?'

'Wel medri, siŵr iawn!'

'Dydw i rioed wedi gweld rhai yn Ethel Austin na Poundstretcher na Woolworth.'

'Dydw i ddim yn meddwl fod y Ddraig Goch yn mynd i siopa yn Ethel Austin na Poundstretcher na Woolworth.'

'Ond maen nhw'n siopau GWYCH!'

Meddyliais am y rhesi a'r pentyrrau o ddilladau lliwgar, deniadol yn y siopau hynny. Roeddwn i'n siŵr na fyddai'r Ddraig Goch yn mynd ar gyfyl yr un ohonyn nhw. Ond roeddwn i'n dal i ffrwtian chwerthin ac es i ddim i drafferthu ceisio dweud dim byd.

'Sut wyt ti'n gwybod mai nics ydyn nhw?' gofynnodd fy chwaer fach yn gyhuddgar. 'Wyt ti'n siŵr?'

'Ydw. Ydw. Ty'd yn dy flaen i'r tŷ rŵan.'

Dad oedd wedi dweud. Erstalwm. Ar ôl inni weld y Ddraig Goch yn plygu reit drosodd i godi papurau fferins o'r portsh.

'Hen blant digywilydd yn taflu sbwriel o gwmpas y lle 'ma. Neb wedi eu dysgu nhw'n wahanol,' meddai hi'n rwgnachlyd gan edrych yn gyhuddgar iawn arna i, yn awgrymu mai fi oedd ar fai.

'Ddim mwy digywilydd na dangos eich blwmars i bawb,' meddai Dad yn ddigon uchel iddi glywed, cyn camu i'r tŷ a rhoi clep ar y drws. Nid yn unig roedd o'n flin am ei bod hi, fel arfer, fel petai'n mynd ati'n fwriadol i weld bai ar y ffordd roedd o'n gofalu amdanon ni, ond hefyd am ei bod hi'n rhoi bai ar gam arna i. Roedd o'n gwybod yn iawn nad fi luchiodd y papur fferins yno. Papur Bounty oedd o ac mae o'n gwybod yn iawn na fedra i ddim DIODDEF Bounty. Y gwynt chwythodd o yno, siŵr iawn. Y gwynt chwythodd o yno a does wybod yn y byd o ble chwaith. Mi fasa Dad wedi bod efo digon i'w ddweud petawn i wedi ei daflu o yno. Y fo fyddai'r cyntaf i ddweud y drefn wrtha i am adael llanast ar f'ôl.

'Dos i'w godi fo'r munud yma. Cadw fo yn dy boced nes y byddi di yn ymyl bin sbwriel neu nes ei di adref. Paid ti â meiddio llygru'r amgylchfyd fel yna byth eto. A phaid â cheisio bod yn glyfar a dweud y gwnaiff y papur bydru. Mi fydd o'n gwneud y lle'n flêr am hir iawn cyn iddo wneud hynny. A dydi fy nhywysoges hynaf i DDIM i fod i wneud gwaith i neb arall i glirio ar ei hôl hi yn unman.'

Dyna fyddai o wedi ei ddweud. Hynna neu rywbeth tebyg i hynna.

Gas gen i pan fydd o'n dweud y drefn ac mi fydd Dana'n torri'i chalon fach yn lân. Mi fydd o bob amser yn dweud nad oes yna neb ond fo i ddweud y drefn wrthon ni ac os na wnaiff o mi fyddwn ni'n tyfu i fod yn hen gnafon annymunol ac na fydd neb yn hoffi plant sosi ac nad ydi o ddim eisio i'w dywysogesau bach o dyfu i fod yn rêl hen drwynau. Ond fiw i neb arall ddweud y drefn wrthon ni chwaith, yn arbennig y Ddraig Goch.

'Be ddwedaist ti oedd hi'n ei ddangos i bawb, Dad?' holais. Ac wedyn fe eglurodd o fod rhai hen wragedd yn gwisgo nics hir i gadw'n gynnes ac mai blwmars oedden nhw'n eu galw nhw erstalwm.

'Rhai fel'na oedd gan fy nain i,' meddai. 'Mi fydden ni'n chwerthin ac yn gwneud hwyl am ei phen hi ac yn ceisio sbecian i gael cip arnyn nhw!'

O! Dad! Dad! Lle'r wyt ti? Pam na ddoi di adref, Dad?

Ond doedd gynnon ni ddim Nain, felly doeddwn i ddim yn gwybod beth oedden nhw cyn hynny a rŵan roeddwn i'n byrlymu chwerthin tu mewn. Bermiwda shorts, wir! Does gan Bermiwda shorts ddim lastig yn y penliniau ac maen nhw'n llachar ac yn lliwgar, nid yn rhywbeth tebyg i wyn neu binc gwelw neu las gwantan neu liw uwd anniddorol fel nicyrs y Ddraig Goch.

O! Dana!
Bechod nad oedd Dad yma i joio'r jôc.
Pam, o PAM na ddoi di adref, Dad?

Ddaeth o ddim erbyn amser swper chwaith.
Bîns ar dôst gawson ni. Lwcus fod gynnon ni
bopty ping. Un o'r pethau olaf brynodd Dad
cyn iddo golli'i waith oedd y meicrodon. Dana
alwodd o'n bopty ping. Cha i ddim
defnyddio'r stof drydan os na fydd Dad reit
wrth fy mhenelin, felly fedrwn i ddim bod
wedi cynhesu'r bîns. Mi fyddai Dana wedi
bod yn ddigon bodlon eu bwyta nhw'n oer
ond fyddwn i ddim. Gas gen i nhw'n oer, ond
mi fyddwn i wedi gorfod eu dioddef nhw.
Doedd yna ddim byd arall ar ôl. Roeddwn i'n
falch fod gynnon ni bopty ping. Ar ôl inni
fwyta fe aethon ni i gael bàth ac mi fuon ni'n
chwarae ynddo fo am hir ac wedyn fe aethon
ni i'r gwely ac roeddwn i'n meddwl mai
cyntaf yn y byd yr aen ni i gysgu, cyntaf yn y
byd y byddai fory yn dod ac fe fyddai Dad yn
siŵr o ddod adref fory, yn byddai? Yn byddai?
   'Jo-Jo?' meddai Dana. 'Jo-Jo?'
   'Ie?'
   'Jo-Jo, dwisio Dad.'
   "Dw inna hefyd, 'sti,' meddwn i. 'Ond hitia
befo. Mi fydd o yma yn y bore.'

'Ond mae'r bore'n bell, bell Jo-Jo. Dydi o ddim yn dod am hir.'

Oedd. Roedd y bore yn bell am fod y nos yn hir ond doedd wiw i mi gytuno efo Dana. Fi oedd tywysoges hynaf Dad ac roedd yn rhaid i mi fod yn ddewr a gofalu am ei dywysoges ieuengaf. Teimlwn y dagrau yn dechrau llosgi cefn fy llygaid ond llyncais fy mhoer.

'Gawn ni stori, yli,' meddwn i. 'Mi ddyweda i stori am nad ydi Dad yma i wneud, ac mi fydd yr amser yn mynd heibio fel y gwynt wedyn.'

Closiodd Dana yn agos, agos ata i yn y gwely i wrando.

'Stori wir?' holodd.

'Stori wir jest iawn,' addewais.

Y TEULU BRENHINOL

Unwaith roedd dwy dywysoges fach yn byw gyda'u tad a'u mam mewn castell yng nghanol y ddinas fawr oherwydd mae tŷ pawb yn gastell iddyn nhw. Joanna oedd enw'r hynaf ac roedd ganddi wallt hir, brown golau yn fantell sidan hardd dros ei hysgwyddau fel y bydd gan dywysogesau. Bob tro y symudai ei phen siglai cylchoedd bychain o aur pur yn ôl ac ymlaen yn ei chlustiau gan wincian yng ngolau'r haul. Dana oedd enw'r ieuengaf a dim ond rhyw fymryn bach o flew ar dop ei phen oedd ganddi hi ar y pryd oherwydd doedd ei gwallt hi ddim wedi tyfu'n iawn gan ei bod hi'n rhy ifanc. Ond pan dyfai byddai'n siŵr o fod yn hir ac yn sgleinio'n donnog fel y bydd gwallt tywysogesau. Doedd ganddi hi'r un dant, ond pan dyfen nhw fe fydden nhw'n siŵr o fod yn rhes wen wastad o berlau bychain fel y bydd dannedd pob tywysoges fach. Roedd hithau hefyd yn dlws fel pictiwr ac yn gorwedd yn ei cháricot yn cysgu neu'n byrlymu chwerthin yn fodlon braf y rhan fwyaf o'r amser.

Bob bore byddai tad y ddwy dywysoges fach, y Brenin Brian, yn gadael y castell ac yn mynd i'w waith ar ochr draw'r ddinas oherwydd doedd aros gartref i wneud dim byd ond edrych yn bwysig a llofnodi papurau tra oedd gweision a morynion yn dandwn tendans arno fo ac yn dweud 'Wrth gwrs, eich Mawrhydi,' a 'Siŵr iawn, eich Mawrhydi,' gan foesymgrymu a sgrialu i wneud yn ôl ei orchymyn o, ddim yn y ffasiwn bellach. Roedd o'n gwneud ei frechdanau ac yn cael ei focs bwyd yn barod cyn mynd gan fod rhaid iddo gyrraedd y gwaith yn gynnar, gynnar am ei fod o mor brysur yn codi adeiladau ar gyfer pobl ei deyrnas. Ym mhen draw'r cwpwrdd dillad yn rhywle roedd ganddo fo glogyn coch crand efo ymyl ffwr wen, ond fyddai o ddim yn ei wisgo i fynd i'w waith rhag iddo ei faeddu. Rhoddai ei oferôls glas a'i grys tsiec amdano. Wedyn byddai'n gwneud brecwast iddo'i hun ac yn mynd i fyny i'r llofft i ffarwelio â'i ddwy dywysoges fach. Fyddai o byth yn gadael heb roi sws i'r ddwy: i'r Dywysoges Joanna yn gyntaf, am mai hi oedd yr hynaf, ac i'r Dywysoges Dana wedyn am mai hi oedd yr ieuengaf. A'r peth cyntaf fyddai o'n ei wneud wedi dod adref yn y nos, hyd yn oed cyn molchi, oedd rhoi sws i'r Dywysoges Dana gyntaf am mai hi oedd yr ieuengaf ac i'r Dywysoges Joanna wedyn am mai hi oedd yr hynaf. Doedd y Dywysoges Dana ddim callach ei fod o wedi bod yno o gwbl yn y bore am ei bod hi'n rhy fach. Fyddai'r Dywysoges Joanna ddim yn deffro'n iawn wrth iddo roi sws iddi chwaith, ond fe fyddai hi'n gwybod iddo fod yno ac yn clywed ei ogla fo yn ei llofft hi ar ôl iddi ddeffro. Ogla cig moch ac wy a bara saim ac ogla sment a brics. Y peth olaf un fyddai'r Brenin Brian yn ei wneud cyn gadael y castell oedd tynnu ei goron aur efo ymyl arian yn llawn gemau hardd gwyrdd a choch a gwisgo ei helmed yn ei lle. Roedd hi'n helmed arbennig i amddiffyn ei ben rhag iddo frifo petai

21

rhywbeth trwm yn syrthio arno—oherwydd mae llawer iawn o bethau trwm ar seit adeiladu, brics yn arbennig, ac mae'n hawdd iawn, iawn iddyn nhw syrthio. Roedd y Dywysoges Joanna yn sobor o falch fod gan ei thad hi helmed arbennig i gadw ei ben yn ddiogel, ond roedd ganddi hi biti mawr drosto yn gorfod ei gwisgo.

'Mae hi mor drom,' ochneidiai pan gariai'r helmed. Oherwydd byddai'n helpu ei thad drwy gydio yn yr helmed o'i law bob nos pan ddeuai i'r tŷ o'i waith ac yn ei rhoi i gadw ar y gadair yn y lobi.

Fyddai mam y tywysogesau bach, y Frenhines Vicky, ddim yn gadael y tŷ ben bore. Roedd hi'n aros yno efo nhw i ofalu amdanyn nhw ac i fynd â nhw am dro i'r parc neu i'r stryd. Roedd yn well gan y Dywysoges Joanna fynd i'r parc nag i'r stryd. Yn y parc roedd hi'n medru gwthio bygi y Dywysoges Dana ar hyd y llwybrau ac at y llyn i weld yr hwyaid tra oedd y Frenhines Vicky yn eistedd ar un o'r seddau yn sgwrsio efo'i ffrindiau. Yn y caffi roedd mwg sigarennau ei mam a'i ffrindiau yn gwneud i'w llygaid hi losgi pan fyddai hi'n eistedd wrth y bwrdd yn yfed Coke. Ond fedren nhw ddim mynd i'r parc pan oedd hi'n bwrw glaw ac roedd hi'n bwrw glaw o hyd ac

22

o hyd ac roedden nhw'n gorfod aros yn y caffi yn aml, aml, am hir iawn.

Un bore roedd y Dywysoges Joanna wedi deffro. Roedd y Brenin Brian wedi gadael y tŷ ers meitin a'r Frenhines Vicky yn dal i gysgu. Ond roedd y Dywysoges Joanna eisio bwyd. Doedd hi byth wedi cael brecwast.

'Mam!' galwodd. 'Mam!'

'O, bydd ddistaw,' atebodd y Frenhines Vicky yn flin ac yn gas.

Gwyddai'r Dywysoges Joanna mai sgytfa neu beltan gâi hi wrth swnian mwy oherwydd doedd y Brenin Brian ddim yno i'w hamddiffyn hi rhag ei mam.

Ond roedd hi eisio bwyd yn ofnadwy. Felly fe aeth hi i lawr y grisiau ar ei phen ei hun a dringo i ben stôl i estyn y paced Coco Pops. Roedd hi'n anodd dod i lawr o ben y stôl a chario'r paced Coco Pops oherwydd er mai hi oedd yr hynaf, tywysoges fechan iawn oedd hi o hyd. Ond fe wnaeth hi. Wedyn fe roddodd hi rai mewn dysgl—roedd hi'n anodd estyn y ddysgl hefyd—a rhoi llefrith arnyn nhw. Fe gollodd hi lot o'r llefrith wrth geisio'i dywallt o ar y Coco Pops achos roedd y botel lefrith yn drwm. Yna fe fwytaodd hi'r bwyd bob tamaid.

Ac yn y cyfamser, beth oedd y Dywysoges Dana yn ei wneud?

23

Roedd hi wedi deffro ac yn gorwedd yn ei cháricot yn crio ac yn crio ac yn crio. Fedrai'r Dywysoges Joanna ddim dioddef clywed ei chwaer fach yn torri'i chalon fel hyn a gwybod y byddai ei hwyneb bach tlws yn hyll, yn wlyb ac yn goch. Doedd ei chwaer fach hi ddim yn faban bach piwis a chroes. Fyddai hi ddim yn crio oni bai fod ganddi hi reswm. Doedd hi ddim yn medru siarad. Roedd hi'n rhy ifanc. Pa ffordd arall oedd ganddi hi i ddweud ei bod hi'n wlyb a'i bod hi eisiau bwyd?

Felly, wedi gorffen bwyta, aeth y Dywysoges Joanna i fyny'r grisiau i nôl ei chwaer fach. Cododd hi o'r cáricot a dod â hi i lawr y grisiau. Roedd hynny'n anodd iawn. Roedd arni ofn ei gollwng hi ac roedd hi'n drom iawn. Roedd yn rhaid iddi aros ar hanner y ffordd i lawr a'i rhoi hi ar y grisiau am fod ei breichiau hi'n brifo ac yn brifo. O'r diwedd, fe aeth i'r gegin a rhoi'r Dywysoges Dana ar y llawr a nôl Pampers glân iddi hi a thynnu'r un budur. Roedd y Dywysoges Dana yn sgrechian ac yn sgrechian nes roedd ei hwyneb bach hi'n biws ac yn gwthio ei dyrnau i'w cheg ac yn eu cnoi nhw am ei bod hi gymaint o eisio bwyd.

'Dyna ti. Dyna ti. Fyddwn ni ddim dau funud rŵan,' meddai'r Dywysoges Joanna wrthi i geisio'i thawelu hi am fod sŵn ei sgrechian yn hollti ei phen hi'n lân, ac fe geisiodd ei gorau i frysio wrth gymysgu diod i'w chwaer fach. Roedd hi'n gwybod yn union beth i'w wneud ond roedd o'n cymryd lot o amser i fynd i ben y stôl er mwyn medru cyrraedd pob peth roedd arni hi ei angen.

A thrwy'r adeg roedd y Frenhines Vicky yn y gwely yn y llofft er na fedrai hi ddim bod wedi methu clywed y Dywysoges Dana yn crio ac yn crio.

A dyna lle'r oedd y Dywysoges Joanna ar ben y stôl yn rhoi'r tegell ymlaen i gael dŵr poeth i gymysgu'r llefrith a'i gwallt hi'n wlyb domen am ei fod o wedi mynd i mewn i'r dŵr, pan ddaeth y Brenin Brian yn ôl i'r tŷ. Digwydd picio adref am ei fod o wedi anghofio'i focs tŵls oedd o.

'Haia, Dad! Haia!' meddai'r Dywysoges Joanna yn falch. 'Gwranda, mae hyn yn anodd. Wnei di gymysgu bwyd Dana ac wedyn mi wna i ei roi o iddi hi?'

A thrwy'r adeg roedd y Dywysoges Dana yn sgrechian ac yn sgrechian.

'Nid ti ddylai fod yn gorfod gwneud hynna!' meddai'r Brenin Brian wedi gwylltio'n ofnadwy ac fe ddywedodd o'r drefn yn hallt iawn wrth y Frenhines Vicky. Fe ruthrodd o i fyny'r grisiau a gweiddi arni'n flin ac yn gas. Doedd o ddim wedi sylweddoli cyn hynny nad oedd

25

hi'n gofalu am y ddwy dywysoges fach yn iawn pan oedd o ddim yno.

'Mae Jo yn rhy ifanc i gymryd y cyfrifoldeb o ofalu am fabi bach,' meddai. 'Beth petai hi wedi syrthio wrth ei chario hi i lawr y grisiau? Beth petai hi wedi llosgi wrth ferwi tegell? Cod o'r gwely yna ar unwaith. AR UNWAITH!'

Ac fe gododd y Frenhines Vicky ar frys achos doedd hi ddim yn sâl. Dim ond diog oedd hi, rhy ddiog i ofalu am y ddwy dywysoges fach am ei bod hi wedi blino ar ôl bod allan yn hwyr, hwyr y noson cynt, achos roedd yn well ganddi hi fod allan efo'i ffrindiau am ei bod hi wedi laru gofalu amdanyn nhw.

Dyna'r tro cyntaf i'r Brenin Brian wylltio'n ofnadwy.

Roedd y tro olaf yn waeth o lawer.

Y nos oedd hi. Cysgai'r Dywysoges Dana fach yn dlws fel pictiwr a golau lamp y stryd yn sgleinio drwy'r llenni yn syth i mewn i'r llofft. Ddeffrodd hi ddim wrth glywed y sŵn, ond agorodd y Dywysoges Joanna ei llygaid a neidio allan o'i gwely wrth ochr y còt ar unwaith am ei bod hi'n meddwl ar y cychwyn fod ei chwaer fach eisio rhywbeth. Ond o lofft ei thad a'i mam roedd y sŵn yn dod.

Y Brenin Brian oedd yno. Y noson honno roedd o wedi gweithio'n hwyr iawn ar y seit am eu bod nhw'n ceisio gorffen contract mewn pryd a ddaeth o ddim adref nes roedd hi bron yn naw o'r gloch. Roedd hi'n dywyll. Dyna lle'r oedd o'n agor y drôrs a'r cypyrddau, yn tynnu dillad y Frenhines Vicky allan ac yn eu lluchio i mewn i ges ar y gwely.

'Be wyt ti'n 'neud, Dad?' gofynnodd y Dywysoges Joanna.

'Pacio.'

'Pacio?'

'Mae dy fam yn mynd ar ei gwyliau. Ei hun. Am byth.'

'Ond pam?' holodd y Dywysoges Joanna. 'Pam?'

Wedyn fe sylweddolodd hi fod y Brenin Brian wedi gwylltio fwy nag erioed o'r blaen am fod y Frenhines Vicky wedi esgeuluso'r ddwy dywysoges fach ac wedi eu gadael nhw ar eu pennau eu hunain. Roedd hi wedi mynd i'r tŷ tafarn am y gyda'r nos heb yn wybod i'r un o'r ddwy, yn lle aros gartref i ofalu amdanyn nhw fel y dylid gofalu am bob plentyn bach a phob geneth fach yn dywysoges ar ei haelwyd ei hun. Agorodd eu tad y drws ffrynt a sodro'r ces tu allan.

Gwnaeth ddiod siocled poeth i'r Dywysoges Joanna a rhoi Pampers glân a photel o lefrith i'r Dywysoges Dana am ei bod hi erbyn hynny wedi dechrau stwyrian yn ei chòt ac fe gysgodd y ddwy yn dawel drwy gydol y nos fawr dywyll yn ddiogel braf a'r Brenin Brian yn gofalu amdanyn nhw.

Ac yn y bore doedd y Frenhines Vicky ddim yno. Aeth y Brenin Brian ddim i'w waith chwaith, ond ar ôl gwneud brecwast iddyn nhw a'u molchi nhw a rhoi dillad glân amdanyn nhw, gan ei fod o'n beth sobor o henffasiwn i blant y brenin fod gartref efo'u nyrs eu hunain, aeth â'r ddwy dywysoges fach allan i chwilio am feithrinfa, oherwydd roedd o'n dweud y bydden nhw'n gofalu am ei ddwy dywysoges fach o'n iawn yn y fan honno gan nad oedd eu mam nhw'u hunain yn gwneud ac roedden nhw'n cael cwmni plant eraill ei deyrnas. Wedyn bob bore ar ôl hynny roedd y Brenin Brian a'r Dywysoges Joanna a'r Dywysoges Dana yn mynd allan o'r tŷ gyda'i gilydd. Roedd y tywysogesau bach yn mynd i'r feithrinfa lle'r oedd rhywun yn gofalu amdanyn nhw drwy gydol y dydd nes roedd y Brenin Brian yn dod i'w nôl nhw cyn chwech bob nos ar ei ffordd o'i waith.

Roedd y Dywysoges Dana yn fodlon braf, yn cropian ar y llawr ac yn chwarae'n ddiddig efo'r teganau neu'n cysgu'n dawel yn y feithrinfa. Ond am ddyddiau roedd y Dywysoges Joanna yn boenus ac yn bryderus iawn.

'Pryd mae'n amser bwyd?' holai.

'Pryd ydan ni'n cael cinio?'

'Lle mae'r bwyd?'

'Pwy sy'n gwneud bwyd inni?'

'Chi sy'n gwneud bwyd inni?' gofynnai i bawb a welai.

'Ti'n siŵr o gael bwyd 'sti,' meddai un o'r merched, a mynd â hi i'r gegin i weld y gogyddes.

'Chi sy'n gwneud y bwyd?' holodd y Dywysoges Joanna.

'Ie.'

'Bob dydd?'

'Yn ddi-ffael.'

'Dach chi byth yn anghofio?'

'Nac ydw. Byth.'

Ac wedi sylweddoli ei bod hi'n sicr o gael diod o lefrith neu ddiod o sudd oren gyda bisgeden neu frechdan ganol y bore, a chinio a the yn y feithrinfa, roedd y Dywysoges Joanna yn hapus. Fyddai ei bol hi byth yn brifo am ei fod o'n wag. Roedd hi'n hapus pan ddaeth yn amser iddi hi fynd i'r ysgol hefyd a rhywun o'r feithrinfa yn mynd â hi yno yn y bore ac yn ei nôl hi yn y pnawn.

Wedyn roedd hi'n cael cinio yn yr ysgol a the yn y feithrinfa ac yn aros yno nes y byddai ei thad yn dod i'w nôl ar y ffordd o'i waith.

Ac wedyn byddai'r Brenin Brian a'r Dywysoges Joanna a'r Dywysoges Dana fach yn mynd adref i'r castell lle'r oedden nhw'n cael bywyd llawen a dedwydd iawn gyda'i gilydd.

Pan orffennais y stori roedd Dana yn dawel iawn. Roeddwn i'n meddwl ei bod hi wedi cysgu. Syllais i lawr arni'n swatio yn fy nghesail, ac wrth imi edrych arni hi agorodd ei llygaid.

'Jo-Jo,' meddai hi. 'Jo-Jo?'

'Ie?'

'Fedra i ddim cysgu.'

Fedrwn innau ddim cysgu chwaith. Roedd fy meddwl i'n troi rownd a rownd fel olwyn fawr yn y ffair wrth imi gofio am y bwyd a meddwl beth gaen ni i frecwast. Cofio mor ysgafn oedd y paced creision ŷd yn fy llaw pan godais ef y bore hwnnw a meddwl oedd yna ddigon inni fory, ac fel roedd y pot blodau hefyd yn ysgafnach o lawer nag oedd o. Ceisio cofio oedd gynnon ni ddillad glân i fynd i'r ysgol ac mor bwysig oedd hi na fydden ni ddim yn cysgu'n hwyr . . .

'Cau dy lygaid 'run fath â fi. Ac wedyn

mae'n rhaid iti gyfri yn ddistaw bach yn dy ben i fyny i gant. Dyna ydw i'n 'neud. Mi fyddwn ni 'di cysgu fel top yn fuan, fuan.'

Roedd hi'n ddistaw iawn am sbel. Ei bawd yn ei cheg a'i gwallt dros y gobennydd i gyd a minnau'n dal i feddwl a meddwl ac ofn ac OFN beth wnaen ni petai Dad ddim yna yn y bore. Mae'n iawn ar rai plant. Mae gynnyn nhw dad a mam. Mae gan rai ohonyn nhw deidiau a neiniau hefyd heb sôn am fflyd o yncls ac antis. Does gynnon ni neb ond Dad.

Ond fe fyddai o yna, siŵr iawn.

Yn byddai . . . yn byddai?

Roedd yn RHAID iddo fod . . .

'Jo-Jo! Jo-Jo!'

'Be sy rŵan?'

"Dwi'm yn gwybod be sy'n dod ar ôl tri deg pump . . .'

'Tri deg chwech, siŵr iawn.'

Ac wedyn roedd hi'n ddistaw am funud bach. Roeddwn i mor falch. Roeddwn i'n meddwl ei bod hi wedi mynd i gysgu.

Agorodd ei llygaid.

'Jo-Jo?'

'O! Taw 'nei di! Cau dy geg. Dwisio cysgu.'

'Jo-Jo . . .'

Gwelais ei llygaid yn llenwi a'r dagrau mawr boliog yn llithro dros yr ymylon ac yn sglefrio i lawr ei bochau. Roedd yn gas gen i

31

weld fy chwaer fach yn torri'i chalon.
Llyncodd ei phoeri.

'Fedra i ddim cysgu, Jo-Jo,' meddai hi.
'Dydi Dad ddim yma i roi sws imi cyn imi
fynd i gysgu. Dwisio sws gan Dad.'

'Dw inna hefyd,' meddwn i, ac fe glosiodd
hi'n nes fyth at f'ochr i a chadwais fy
mreichiau yn dynn, dynn amdani hi.

'Wn i beth wnawn ni!' meddwn i'n sydyn.
'Mi ro i sws i ti ac mi gei di roi sws i mi am
nad ydi Dad yma i roi sws inni. Iawn?'

'Iawn,' meddai Dana.

A dyna wnaethon ni.

Doedd o ddim yno pan ddeffron ni chwaith. Y
peth cyntaf wnes i pan agorais fy llygaid
oedd rhedeg i'w lofft o. Doedd dim rhaid imi
fynd i mewn. Gwyddwn yn iawn nad oedd o
ddim yno. Doedd o byth wedi cyrraedd yn ôl.
Roedd y lle mor dawel. Dim smic. Dim
mymryn o'i sŵn o'n chwyrnu na dim.

Dydi o ddim yn licio pan fydda i'n ei
bryfocio fo ei fod o'n chwyrnu. Mi fydda
inna'n dal ati i wneud nes bydd o'n gwylltio
ac yn lluchio lliain sychu llestri neu glustog
ata i a finna'n dianc i ffwrdd gan chwerthin.

Laru ar glywed ei hen sŵn o'n rhochian
pan fydda i'n methu cysgu fydda i. Felly
fydda i os bydda i wedi cael aros ar fy nhraed

yn hwyr i weld fideo gyffrous ac mi fydda i'n gwylltio ei fod o'n chwyrnu cysgu'n syth.

O, Dad! Pan ddoi di adref gei di chwyrnu hynny fynni di . . .

Pan . . .

Pan ddoi di adref . . .

Os doi di adref . . . os . . .

'Hei! Ty'd 'laen! Cod!' meddwn i wrth Dana a thynnu'r dwfe oddi arni. 'Ysgol heddiw.'

Cododd a mynd i molchi a gwisgo amdani'n rwgnachlyd a phan oedden ni'n cael brecwast, wedi imi wneud yn siŵr fod ei sgidiau hi ar y traed iawn, siarsiais,

'Mi wnei di gofio'r gyfrinach, yn gwnei?'

Hogan fach ydi hi. Roedd hi'n gwybod yn iawn nad oedd fiw inni adael i'r hen Ddraig Goch wybod nad oedd Dad gartref ond roeddwn i wrth law i ofalu na ddywedai hí ddim byd pan oedden ni allan yn yr ardd neu yn y gegin a'r ffenest ar agor neu pan oedd y Ddraig ar riniog y drws yn ceisio tynnu sgwrs yn glên i gyd. Ond fedrwn i ddim bod fel cysgod iddi yn yr ysgol.

Roeddwn i gymaint o ofn, a'r sgriw yn dynn, dynn, DYNN yn fy mol. Beth petai'n rhoi ei thraed ynddi wrth sgwrsio, ac un o'r athrawon yn sylweddoli inni fod ein hunain yn y tŷ am ddwy noson? Mi fyddai ffôn y Gwasanaethau Cymdeithasol yn boeth.

'Gadael plant mor ifanc eu hunain. Ddim ffit i fod yn gofalu amdanyn nhw.'

Dyna ddywedai pobl.

Ond doedd Dad erioed wedi'n gadael ni ar ein pennau ein hunain o'r blaen. Ddim erioed. Rydan ni'n gorfod llusgo efo fo rownd Tesco am wyth o'r gloch y bore. Dyna pryd mae o'n hoffi mynd i siopa. Gynted ag y byddan nhw wedi agor. Hwylusach o lawer na gorfod stwffio efo troli rhwng pobl wedi i'r lle lenwi, medda fo. Mae yna rai o fy ffrindiau i'n cael aros yn y tŷ eu hunain ond chawn ni byth. Fyddai o ddim wedi'n gadael ni'r tro yma oni bai ei fod o wedi hen laru ac wedi cael llond bol ar fod gartref drwy'r dydd bob dydd a byth bron yn gweld ei fêts am sgwrs ac yn dyheu am gael tipyn bach o hwyl. Pawb i fod i gael tipyn bach o hwyl, yn tydyn?

Felly . . .

Felly . . . pam, o pam na ddaeth o adref? Gwyddai'n iawn ein bod ar ein pennau ein hunain. Ac roedd o wedi gwneud y ffasiwn ffýs am fynd. Y tro cyntaf erioed, erioed, iddo'n gadael ni . . .

Syrthio i demtasiwn wnaeth o.

'Run fath â fi. Dyna'n union wnes i pan es i i'r ffair efo Tracey. Ro'n i'n gwybod yn iawn

34

'mod i i fod i fynd yn syth adref o'r ysgol ar fy mhen fy hun y diwrnod roedd Dana wedi mynd i barti Ffion.

'Mae 'na ffair 'di dŵad i safle'r hen orsaf,' meddai Tracey. 'Ti'n gwybod, y lle 'na tu cefn i'r eglwys. 'Sgin ti bres?'

'Oes,' atebais.

'Awn ni?' meddai hi.

'Iawn!' meddwn i y munud hwnnw a sŵn y ffair yn trybowndian ac yn dyrnu, yn sgrechian ac yn bloeddio yn uwch ac yn uwch i'n gwahodd ni a'n tynnu ni yno wrth inni redeg ar hyd y palmentydd a'r goleuadau'n fflachio ac yn wincio ar y meri-go-rownd a'r helter-sgelter a'r olwyn fawr, heb sôn am y trên sgrech yn dolefain.

Gwyddwn yn iawn na ddyliwn i ddim mynd. Roeddwn i i fod i fynd adref yn syth o'r ysgol. Ond yn digwydd bod, doedd gan Dad mo'r union arian i'w roi i mi i dalu am fynd i nofio'r diwrnod hwnnw. Roedd o wedi gorfod rhoi pumpunt imi ac roedd y newid yn llosgi yn fy mhoced. Roedd Dana yn cael mynd i barti, yn toedd? Roedd yn iawn i minnau gael tipyn bach o sbort hefyd. A doeddwn i erioed wedi gwneud o'r blaen. Phetrusais i ddim o gwbl. I ffwrdd â mi efo Tracey.

Roedd Dad ar fin mynd at y Glas pan es i

adref. Ofn fod rhywbeth wedi digwydd imi oedd o. Ches i ddim mynd allan i chwarae gyda'r nos am fis wedyn. MIS.

Gweld fy hun yn haeddu tipyn bach o sbort a sbri oeddwn i ar y pryd. Dwi'n cofio'n iawn. Ac wedi cael diwrnod sobor o annifyr yn yr ysgol. Pawb yn pigo arna i ac yn gweld bai arna i o hyd. Eisio tipyn bach o newid oeddwn i. Eisio anghofio pawb a phopeth. Eisio gweld rhywbeth gwahanol. Eisio mynd ar goll yng nghanol hwyl a miri'r ffair.

Felly roedd Dad yn teimlo, mae'n siŵr. Mae pawb i fod i gael sbort weithiau. Roedd Dad yn haeddu sbort.

Mewn gofal fydden ni, ar ein pennau. Dim ond yn gweld Dad weithiau. Unwaith y caen nhw wybod iddo'n gadael ni ein hunain. Ond doedd o 'rioed wedi'n gadael ni o'r blaen. 'Rioed yn ei fywyd. Dim ond unwaith roedd o wedi syrthio i demtasiwn . . .

Llanwai fy llygaid dim ond i mi feddwl am orfod mynd oddi wrth Dad. Fedrwn i ddim. Na, FEDRWN I DDIM dioddef hynny. Fyddwn i ddim yn dywysoges fach i neb wedyn, na fyddwn?

Felly roeddwn i wedi siarsio Dana ei bod hi'n gyfrinach FAWR nad oedd Dad gartref.

'Mi fydd o yma pan ddown ni adref,'

meddai Dana wrth imi roi ei chôt hi amdani. 'Yn bydd, Jo-Jo?'

'Bydd, bydd,' atebais yn ddiamynedd gan droi draw a cheisio swnio'n fwy ffyddiog o lawer nag y teimlwn. 'Bydd, siŵr iawn.'

Ble ar wyneb y ddaear oedd o? Ble ar wyneb y ddaear roedd o wedi mynd?

'Hwyl fawr, Dad! Welwn ni chdi pnawn 'ma!' gwaeddais wrth gau'r drws a sleifio'r goriad i 'mhoced.

'Gwaedda dithau hefyd!' sibrydais wrth Dana ac fe blygodd hi a gweiddi drwy'r twll llythyrau fel petai Dad ar ôl yn y tŷ.

'Oedd fy llais i'n ddigon uchel i'r Ddraig Goch glywed o'r dyfnjwn?' holodd Dana yn bryderus gan sefyll ar flaenau'i thraed i sibrwd yn fy nghlust wrth hongian am fy ngwddw.

'Oedd, siŵr iawn. Roeddet ti'n wych!' atebais gan ei chofleidio hi'n dynn a llyncu 'mhoer yn galed yr un pryd.

Mi redon ni'n dwy adref nerth ein traed y pnawn dydd Llun hwnnw. Yn yr ysgol drwy'r dydd roeddwn i wedi llwyddo i beidio â meddwl rhyw lawer am yr hen sgriw yna oedd wedi troi yn lwmpyn caled fel pêl yn fy mol. Ond wrth ruthro drwy'r strydoedd roedd

38

o'n caledu mwy bob munud ac erbyn cyrraedd drws ein tŷ ni teimlwn yn swp sâl.

Doedd Dad ddim yno.

Gwnaeth Dana geg gam. Teimlwn fel gwneud 'run fath yn union ond doedd fiw imi. Roedd yn RHAID imi fod yn ddewr. Fi oedd tywysoges hynaf y Brenin Brian.

'Ble mae o, Jo-Jo?' gofynnodd Dana â'i gwefusau'n crynu. 'Ble mae Dad? Ydi o ddim yn y parti o hyd, nac ydi? Does 'na ddim parti mor hir â hynna, nac oes Jo-Jo?'

'Mae partïon pobl yn mynd ymlaen yn hirach na phartïon plant, 'sti,' cysurais hi. 'Maen nhw'n cysgu yno am ei bod hi'n beryglus i ddreifio ar ôl bod yn yfed. Ella fod pwy bynnag roedd Dad yn cael reid adref efo fo yn aros a Dad wedi gorfod aros hefyd, mae'n siŵr. Ti'n gwybod nad ydi o ddim wedi bod mewn parti ers oes pys a ti eisio iddo fo gael sbort yn twyt? 'Dan ni'n cael mynd i bartïon o hyd ac o hyd ac mae'n iawn iddo fo gael sbort, rŵan. Fyddet ti ddim eisio iddo fo gael damwain wrth ddod adref efo rhywun yn ceisio dreifio wedi'i dal hi, na fasat? Rŵan ty'd. Mi gawn ni de bach ar ein glin wrth wylio *Slot 5*. Iawn?'

'Iawn,' snwffiodd fy chwaer fach gan rwbio'i llygaid a'i thrwyn â llawes ei chrys chwys. Roedd y llawes yn fudur i gyd wedyn.

Yn fuan iawn byddai'r fasged ddillad budron yn yr ystafell molchi yn llawn eto. Fedren ni ddim mynd i'r ysgol mewn dillad budron. Tynnu sylw aton ein hunain fyddai hynny. Doedden ni ddim eisio i neb gymryd gormod o ddiddordeb ynon ni.

Sylwais i ddim beth oedd ar y teledu. Roedd 'na luniau eraill yn rowlio o flaen fy llygaid i o hyd. Dad byth yn dod yn ôl a . . .

Roeddwn i wedi plastro jam coch ar y bara er mwyn ceisio cuddio'r ffaith fod y dorth yn sych. Mi wnes i frechdanau caws hefyd. Caws meddal 'dach chi'n ei daenu oedd o ac mi rois i lot o sôs coch arno fo. Mi orffennon ni'r sudd oren.

O Dad! Be 'dan ni'n mynd i'w wneud? Dim ond bwyd tuniau sydd ar ôl erbyn hyn. Mi fydd yn rhaid inni brynu bwyd fory ond dydw i ddim yn gwybod oes yna ddigon o bres a dydw i ddim yn siŵr iawn beth i'w brynu a mae 'na rywun yn siŵr o sylweddoli cyn bo hir nad wyt ti ddim yma . . . O! DAD!

'Wyt ti'n siŵr, Jo? Wyt ti'n berffaith siŵr?'

Dyna ofynnodd Dad drosodd a throsodd pan soniodd o am y parti.

'Wyt ti'n siŵr y byddwch chi'ch dwy yn iawn ar eich pennau eich hunain? Wyt ti'n siŵr na fyddwch chi ddim ofn? Wyt ti'n berffaith siŵr?'

'Ofn be?' gofynnais. 'Bwci bo neu ysbryd? Callia, wnei di, Dad. Nid tair oed ydw i rŵan 'sti.'

'Ond wyt ti'n siŵr?'

'Ydw. Ydw, siŵr iawn,' atebais yn ddiamynedd. 'Nid hogan fach ydw i rŵan, Dad. Dwi'n ddeg oed. Ac mae Dana'n bump— bron iawn yn chwech. Mae hi'n ddigon call hefyd. Wnawn ni ddim byd gwirion, siŵr. Mi fyddwn ni'n berffaith iawn.'

Mi fydden ni hefyd, 'tai o wedi dod yn ôl fel roedd o'n dweud y byddai o. Tua deg o'r gloch, meddai fo. Hanner awr wedi deg fan bellaf a doedd hynny ddim yn hwyr iawn, nac oedd?

Wedi cael gwadd i'r parti 'ma oedd o. Dim ond rhyw ddwyawr fyddai o. Teirawr ran bellaf. Wel, a dweud y gwir, Sue oedd wedi cael gwadd ac roedd hi eisio iddo fo fynd efo hi.

Sue.

Ysgrifenyddes y giaffar yn y swyddfa ar y seit adeiladu oedd hi. Ond rŵan mae hi a Dad allan o waith ac maen nhw'n gweld ei gilydd yn y lle dôl ac yn mynd am goffi wedyn.

'Hen beth glên, Sue. Ffeind hefyd.'

41

Cofiwn i Eric ddweud hynny. Mae Dana a fi yn ffrindiau mawr efo fo. Fo a'i gariad fydd yn dod i'n gwarchod ni pan fydd Dad eisio mynd allan. Mi fyddwn ni'n dwy yn ei bryfocio fo ac yn ei alw fo'n Eric Brics am mai prentis brici ydi o, neu oedd o, cyn iddo yntau golli'i waith.

'Sut un? Sw fôr neu sw fynydd?' gofynnais gan roi pwff o chwerthin sbeitlyd pan ddywedodd Dad wrthon ni pwy oedd hi y tro cyntaf inni ei chyfarfod hi. Allan yn siopa efo fo un pnawn Sadwrn oedden ni.

Roeddwn i wedi dechrau mynd i bryderu tipyn ynglŷn â hi. Clywed Dad yn sôn amdani o hyd ac o hyd. Sôn mwy nag am neb arall o'i ffrindiau. Mwy nag am Anwen na Jill na Lisa na neb.

Sôn digon i wneud imi feddwl,

Helô? Ydi hon yn mynd i fod yn llysfam i ni?

Oherwydd doeddwn i ddim yn siŵr o gwbl oeddwn i eisiau llysfam.

Oeddwn i eisio un, mewn difri?

Roedden ni'n iawn, Dad a Dana a fi, fel roedden ni.

Yn toeddan?

Yn toeddan?

'Y petha bach. Heb fam,' meddai'r hen Ddraig Goch unwaith.

Ond mae gynnon ni fam. Ddim yn byw efo ni mae hi. Rydan ni'n ei gweld hi pan fydd hi'n dod i fynd â ni allan ac mi fydd yna rywun o'r Gwasanaethau Cymdeithasol yn aros efo ni drwy'r adeg. Pan ofynnais i pam i Dad unwaith, fe eglurodd o i mi fod peryg i Mam beidio dod â ni'n ôl ato fo. Iddi gymryd yn ei phen i fynd â ni efo hi.

'Mi fyddai hi'n gofalu amdanoch chi am dipyn bach ac wedyn mi fyddai hi'n blino,' meddai. 'Dyna oedd y drwg, ti'n gweld. Roedd hi'n ifanc iawn pan gest ti dy eni a doedd hi ddim yn sylweddoli gwaith mor galed oedd gofalu am blant bach. Roedd y cyfrifoldeb yn ormod iddi. Fe fyddech chi'n dioddef eto. Does neb eisio i hynny ddigwydd.'

Ond mae Dad yn medru gwneud pob peth i ni ydan ni ei angen, yn tydi?

Mae o'n gwneud bwyd inni ac yn golchi'n dillad ni ac yn llnau'n tŷ ni. Dydi Mam ddim yn gwneud dim byd arall, nac ydi?

Pan oeddwn i'n chwarae yn nhŷ Delyth, fy ffrind i, mi syrthiodd hi. Hen godwm gas ofnadwy. Mi redodd hi at ei mam yn sgrechian crio. Rhoddodd ei mam ei breichiau amdani a chydio ynddi'n dynn. Fe sychodd ei dagrau hi ac ymgeleddu'r hen friw cas ar ei phen-lin.

Ond petawn i wedi brifo fel yna mi fyddai Dad wedi gwneud yr un peth yn union i mi. Felly doedd dim ots nad oedd fy mam i ddim yn gwneud hynna imi, nac oedd?

Weithiau, ar y ffordd i'r ysgol, mi fyddwn i'n galw i nôl Nia Jones. Mae ganddi hi wallt hir 'run fath â fi. Hirach, a dweud y gwir. Roedden ni yno braidd yn gynnar un bore. Doedd Nia Jones ddim wedi gwneud ei gwallt a dyna lle'r oedd ei mam hi yn ei frwsio fo ac yn ei gribo fo iddi hi ac wedyn fe'i plethodd o reit o'r corun i lawr yn un blethen hir fel rhaff hardd.

Faswn i wedi hoffi cael plethu fy ngwallt fel yna.

Faswn i wedi hoffi cael ei frwsio fo a'i gribo fo fel y gwnaeth mam Nia Jones.

Mae mam Nia Jones yn medru ei wneud o'n fynsen reit ar dop ei phen hi hefyd ac mae hi'n medru ei blethu o a'i droelli o ar ei gwegil. Mi faswn i wrth fy modd yn cael fy ngwallt i felly.

Mae 'mreichiau i'n mynd i frifo'n ofnadwy pan fydda i'n gwneud fy ngwallt. Fi fydd yn gwneud gwallt Dana a dwi'n hoffi gwneud hynny. Mae'n braf gwneud gwallt hir rhywun arall. Gwneud eich gwallt hir eich hun sy'n anodd. Mi fydd Dad yn gwneud fy ngwallt i weithiau ond does gynno fo ddim amynedd a fydd o byth yn ei wneud o'n iawn. Dydi o ddim yn medru ei wneud o, medda fo, a rydw i'n gorfod gadael fy ngwallt yn rhydd efo band rownd fy mhen neu ei glymu fo'n ôl. Faswn i'n hoffi petawn i'n medru ei gael o'n wahanol weithiau. Fel gwallt Nia Jones. Fel mae ei mam hi'n medru ei wneud o.

Ond dim ots am hynny, nac oes?

Does dim rhaid imi ei gael wedi ei blethu.

Nac oes?

Ond mi fasa fo'n braf hefyd.

Mi faswn i'n cael fy ngwallt unrhyw ffordd faswn i eisio tasa Mam yn byw efo ni, yn baswn?

Mam neu lysfam.

Faswn i?

Fasa gen i well gobaith, yn basa?

'Ond ella basa'n well imi ofyn sw lle yn lle sut sw,' meddwn i'n bowld y bore hwnnw. 'Sw Gaer, ie?'

Dipyn bach o ofn y Sue yma oeddwn i, oherwydd doeddwn i ddim yn ei nabod hi a doeddwn i ddim yn siŵr oeddwn i eisio rhannu Dad efo neb ond Dana.

Er ein bod ni ar stryd brysur, brysur a'r traffig yn rhuo heibio inni a phobl yn gweu drwy'i gilydd heibio inni ar y palmant, roedd o fel petai pobman wedi mynd yn berffaith ddistaw. Wyneb Dad oedd y drwg. Roedd o wedi duo. Doedd Dana ddim yn deall ac edrychai o'r naill i'r llall ohonon ni'n bryderus gan stwffio bawd un llaw i'w cheg a chydio yn fy llaw i efo'r llall.

'Be,' meddai HI. 'Nid sut na lle.'

Llyncais fy mhoer. Doeddwn i ddim wedi disgwyl ateb. Wyddwn i ddim yn iawn ble i edrych. Doeddwn i ddim eisio edrych ar Dad oherwydd gwyddwn yn iawn nad oedd o ddim yn falch o gwbl ohonof i. Doeddwn i ddim eisio edrych arni HI.

Syrthiodd fy ngheg ar agor. Be wir! BE oedd hi'n ei feddwl?

'Jones,' meddai hi gan edrych i fyw fy llygad. 'Sue Jones. Haia, Joanna! Haia, Dana!'

'Haia!' meddwn i'n ôl gan edrych yn strêt yn ôl arni hi a theimlo llygaid Dad fel hoelion arna i.

Dwi'n cofio meddwl y munud hwnnw, tra oeddwn i'n syllu ar y gwallt melyn ac ar y dillad smart, y gallwn i ella-ella-ella fod yn lwcus ac y byddai Dad am y tro yn anwybyddu'r ffaith imi fod yn ddigywilydd. Roedd hi'n dlws. Roedd ei gwallt hi fel ffrâm gyrliog o amgylch ei hwyneb hir-grwn, ac roeddwn i'n gallu dweud mai melyn oedd ei liw go iawn o hefyd. Nid melyn fel gwallt

mam Samantha Price. 'Dach chi'n medru dweud nad ydi hwnnw ddim yn felyn go iawn. Mae ei wreiddiau o'n frown. Gwisgai sgert binc efo blodau glas arni ac roedd hi'n ddel; yn llaes, llaes, bron at ei thraed. Roedd ganddi hi sandalau gwyn a'i bodiau hi'n sbecian allan wedi eu peintio'n lliw cwrel tlws. Roedd ganddi hi grys pinc fel y sgert ac ymylon y gwddw a'r breichiau yn flodau glas. O! Oedd! Roedd hi'n ddel. Yn ddel, ddel. Ac roedd yna wên ar ei hwyneb hi hefyd. Gwên oedd ddim yn stopio wrth ei cheg hi. Roedd yn lledu i'w llygaid hi. Ac roeddech chi'n gallu dweud ei bod hi'n gwenu lot: roedd yna grychiadau a llinellau bychain o amgylch ei llygaid hi fel petai hi'n chwerthin o hyd. Fel arfer dwi'n hoffi pobl sy'n chwerthin yn aml.

Oedd hi . . .

Oedd hi'n mynd i ddwyn Dad oddi arnon ni?

Roedd hi'n ddigon del i wneud . . .

Hen enw hurt.

Dyna ydw i'n ei feddwl, beth bynnag. Gwneud ichi feddwl am anifeiliaid druan yn cael eu cadw'n gaeth y tu ôl i fariau haearn, yn syllu allan yn drist ar bobl wirion sy'n ddigon dwl i dalu arian am gael rhythu arnyn nhw. Hen le llawn drewdod am nad ydi'r cewyll cyfyng yn cael eu glanhau yn ddigon aml. Hen le annifyr.

Ond roedd Sue yn ddigon clên efo ni'r bore hwnnw.

Bachais ar fy nghyfle pan soniodd Dad am y parti. Roedd 'na fideo oeddwn i wedi bod eisio'i gweld erstalwm. *Home Alone.* Pawb yn sôn amdani yn ein dosbarth ni a finnau ddim wedi cyfaddef nad oeddwn i ddim wedi ei gweld hi. Os oedd Dad eisio mynd i'r parti roeddwn i am fanteisio ar y cyfle!

'Dos di i'r parti ac fe gawn ni weld *Home Alone,*' meddwn i wrtho. 'Rho di'r pres imi rŵan. Fydda i ddim dau funud yn picio i'w nôl hi. Ga i fynd i nôl bwyd *Chinese* hefyd? Gei di fynd i'r parti ac mi gawn ni ein parti bach ein hunain. Fyddan ni ddim eisio chdi yma tra ydan ni'n gweld y fideo, beth bynnag.'

Roedd o'n teimlo'n annifyr ei fod o'n mynd, ond doedd dim ots o gwbl gen i y bydden ni'n hunain. Roeddwn i gymaint o eisio gweld y fideo imi gael dweud wrth bawb 'mod i wedi ei gweld hi. Doedd dim ots gan Dana chwaith. Prin y sylwodd hi arno'n gadael y tŷ am ei bod hi wrth ei bodd yn cael y bwyd Tseineaidd a'r fideo. Doedd o erioed wedi'n gadael ni yn y tŷ ein hunain gyda'r nos o'r blaen. Eric oedd yn methu dod ar y funud olaf. Ar wastad ei gefn yn ei wely efo'r ffliw. Mi syrthiodd wyneb Dad pan ddaeth ei fam draw i ddweud. Roedd o am ofyn i Bethan, cariad Eric, ond roedd hithau'n sâl hefyd.

'Well gynnon ni fod ein hunain na bod efo rhywun 'dan ni ddim yn nabod,' meddwn i.

'Ydi,' mynnodd Dana.

'A dim ots gynnon ni o gwbl os cawn ni fwyd *Chinese*,' meddwn i'n slei.

'A fideo,' crefodd Dana. 'Dim ots gynnon ni o gwbl dy fod ti'n cael mynd i barti a ni ddim yn cael mynd os cawn ni fwyd *Chinese* a fideo.'

Ac fe lwyddon ni i berswadio Dad fod popeth yn iawn iddo fo fynd.

Roedd popeth yn iawn hefyd. Roedd Dad mewn andros o hwyliau da am ei fod o wedi galw yn lle'r bwci ar y ffordd adref o'r dref yn y bore ac wedi cael lwc dda ar geffyl.

'Wedi ennill digon i fedru fforddio prynu potel go dda i fynd efo fi i'r parti,' meddai fo.

Diolch ei fod o wedi gwneud, neu mi fyddai yna lai fyth o arian ar ôl i ni yn y pot blodau wrth y cloc.

'Mi awn ni i siopa fory ar y ffordd o'r ysgol,' addewais i Dana. 'Ac os bydd gynnon ni ddigon o bres mi brynwn ni'r bisgedi siocled

50

yna efo cnau mae Dad yn eu hoffi i'w groesawu o adref.'

Roedd y sgriw yn fy mol i'n brifo'n ofnadwy erbyn amser gwely ond fe smaliais i nad oedd o ddim yno a swatio'n agos at Dana.

Mi fydden ni'n iawn, ni'n dwy. Dim ond Dana a fi.

Yn bydden?

Dim ond mater o amser fyddai hi nes y byddai Dad yn dod adref.

Yntê?

Wedyn byddai popeth yn iawn.

Yn byddai?

Gwrandewais ar y gwynt yn chwythu tu allan, yn chwipio plât bwyd Smwt ar hyd y concrit wrth ymyl y drws cefn. Clywais rywbeth yn gwichian wiiiiiiiiich, wiiiiiiiiiiiich, wiiiiiiiiiiiiiich, drosodd a throsodd. Beth oedd o? BETH OEDD O?

Roedd hi'n bwrw glaw a'r dafnau'n pat-pat-pat-patran ar y to ond dyna wthwm o wynt yn ei chwythu i ddadwrdd ar y ffenest yn oer ac yn gas ac yn annifyr iawn. Doeddwn i ddim yn ei hoffi o gwbl. Ond nid y gwynt a'r glaw oedd y pethau gwaethaf. Y pethau gwaethaf un oedd 'mod i'n meddwl ac yn meddwl, 'Mi fyddwn ni'n iawn. Dana a fi. Yn IAWN ond inni lwyddo i dwyllo'r Ddraig. Yn iawn ond i ni gael llonydd. Llonydd gan yr hen Ddraig Goch.'

Iawn. Iawn. Iawn.

Llonydd. Llonydd. Llonydd.

Curai'r geiriau yn fy mhen yn waeth o lawer na'r glaw ar y ffenest ac roedd yn rhaid imi ddileu eu hen sŵn nhw o'm pen.

'Gwranda rŵan,' meddwn i wrth Dana. 'Gwranda ar stori. Stori am Ddraig Goch.'

Y DDRAIG GOCH

Mewn dyfnjwn oer, tywyll yn agos, agos at gastell y Brenin Brian a'r Dywysoges Joanna a'r Dywysoges Dana, roedd 'na hen ddraig yn byw. Roedd hi'n fawr ac yn dew, ei llygaid hi'n danllyd a'i thymer hi'n ffrwydrol. Saethai fflamau cochion allan o'i safn a llifai stêm chwilboeth yn gymylau drwy'i ffroenau, medden nhw. Y Ddraig Goch oedden nhw'n ei galw hi.

'Twt, twt,' meddai'r Brenin Brian bob hyn a hyn. 'Rhaid inni beidio â dweud hynna.'

'Dwyt ti ddim haws â thwt-twtian, Dad,' meddai'r Dywysoges Joanna.

'Nac wyt. Mae ei gwallt hi'n goch,' meddai'r Dywysoges Dana.

'A'i hewinedd hi'n hir. Mae hi'n eu peintio

nhw'n goch hefyd,' meddai'r Dywysoges Joanna.

'Ac mae o'n enw da iawn, iawn arni hi,' meddai'r ddwy.

'Ond mae o'n dipyn o sarhad ar ein baner genedlaethol ni,' meddai Dad. 'Pan welwn ni y faner yn cyhwfan yn rhywle mae o'n dangos fod y Ddraig Goch yn amddiffyn Cymru, ond mae hon â'i llach ar bawb a phopeth. Mae'n rhaid inni roi'r gorau iddi.'

Ond dal ati fydden nhw'r un fath yn union am ei fod o'n enw mor dda arni hi.

Ond gan fod dreigiau yn gwarchod trysorau fe syllai'r Dywysoges Joanna ar y modrwyau ar fysedd y Ddraig Goch ac fe rythai hi ar y tlysau yn ei chlustiau hi, y mwclis o amgylch ei gwddw hi, a'r breichledau ar ei harddyrnau hi, gan feddwl tybed oedd yna fwy mewn cistiau trymion dan glo ymhell ym mherfeddion y dyfnjwn?

Ond os oedd gan rywun drysor, fe fydden nhw'n ei ddangos o i rywun, yn bydden? Os oedd gan rywun drysor, roedden nhw eisio ei ddangos i bawb neu doedd o'n dda i ddim, nac oedd? Mae pawb yn falch o'i drysor, yn tydi? Ac os ydach chi'n falch o rywbeth, rydach chi eisio i bobl eraill ei weld o hefyd, yn tydach?

Byddai rhywun yn dod yno i'w weld o.

A doedd y Dywysoges Joanna a'r Dywys-
oges Dana byth yn gweld neb felly yn dod ar
gyfyl dyfnjwn y Ddraig Goch. Y postman, y
dyn llefrith, a'r dyn yn darllen y mitar trydan
yn unig oedd yn galw a fydden nhw byth yno
yn ddigon hir i edmygu trysor. Felly go brin
fod eu Draig Goch nhw yn gwarchod trysor.

Roedden nhw hefyd yn amddiffyn tywysog-
esau. Yn cadw tywysoges brydferth yn ddiogel
rhag i dywysog hardd ddod i'w dwyn hi.
Oherwydd mae pawb yn gwybod fod pob
tywysog gwerth ei halen i fod i ladd draig ac i
achub tywysoges o'i gafael hi cyn i'r ddau
briodi a chael bywyd llawen a dedwydd
gyda'i gilydd am byth wedyn.

Petai gan y Ddraig Goch dywysoges hardd
yn ei dyfnjwn hi, byddai'r Dywysoges Joanna
a'r Dywysoges Dana wedi gweld y tywysogion
yn dod i geisio'i hachub hi. Ond doedd yr un
tywysog golygus yn tywyllu porth dyfnjwn y
Ddraig Goch byth, felly doedd ganddi hi'r un
dywysoges. Ac efallai fod arni eisio un. Wel,
doedd ganddi hi ddim trysor. Felly efallai fod
arni hi eisio tywysoges hardd i'w gwarchod
a'i fod yn ei bryd a'i meddwl i gipio un o
dywysogesau'r Brenin Brian. Efallai mai
dyna pam roedd hi'n dweud na fedrai dyn
ofalu am blant bach. Felly byddai'r Dywysoges
Joanna a'r Dywysoges Dana yn sgrialu heibio

i ddyfnjwn yr hen Ddraig Goch bob amser pan fydden nhw'n mynd heibio'r drws ar eu pennau eu hunain. Ond pan fyddai'r Brenin Brian efo nhw fe fydden nhw'n martsio heibio yn lartsh i gyd am fod y Brenin Brian yn fawr ac yn gryf ac yn tebol o drechu pob rhyw hen ddraig, hyd yn oed yr un ffyrnicaf un mewn bod. Ond weithiau, yr un fath yn union, pan fyddai'r hen Ddraig Goch ar riniog y drws byddai'r Dywysoges Joanna yn cydio yn llaw y Brenin Brian. A phan fyddai ei llaw fach hi yn gynnes yng nghanol ei law fawr o, wedyn fe deimlai hi'n ddewr drachefn heb falio yr un botwm corn am yr hen Ddraig Goch ffyrnig.

Mae dreigiau'n medru hedfan. Ar nosweithiau oer, stormus, a'r gwynt yn chwibanu o amgylch y castell, gwyddai'r Dywysoges Joanna fod yr hen Ddraig Goch yn hofran uwchben fel rhyw ystlum hyll, anferth, a phelydrau o oleuni o'i llygaid hi'n ymestyn i dywynnu drwy dywyllwch y nos fawr y tu allan i chwilio amdani hi a'r Dywysoges Dana fach i'w cipio ymaith yn ei chrafangau creulon, ac fe fyddai hi'n deifio o dan y dwfe, ac yn ei dynnu'n dynn dros ei phen, ac yn dweud ac yn dweud wrthi'i hun eu bod nhw'n ddiogel rhag pob rhyw hen ddraig tra oedd y

Brenin Brian yn eu cadw'n ddiogel yn y castell.

Ond os nad oedd hi'n gwarchod trysor nac yn amddiffyn tywysoges draw i lawr yng ngwaelodion eithaf ei dyfnjwn oer, tywyll, pam oedd y tân yn berwi fel ffwrnais y tu mewn iddi a hithau'n poeri'r fflamau drwy'i cheg a'r mwg yn llifo o'i ffroenau mor flin? Pam roedd ei llygaid llachar fel plu cynffon paun yn disgleirio'n gynddeiriog?

Beth oedd dirgelwch dyfnjwn yr hen Ddraig Goch?

Beth oedd ei chyfrinach hi?

Byddai'r Dywysoges Joanna yn meddwl ac yn meddwl am hynny ond doedd y Dywysoges Dana ddim yn ddigon hen i ddeall ei phenbleth hi a doedd y Brenin Brian ddim yn gwrando arni hi'n holi nac yn ceisio ei helpu hi i ddarganfod yr atebion am fod ganddo ormod o bethau eraill pwysicach ar ei feddwl wrth iddo ofalu am y castell ac am y tywysogesau bach.

Y Ddraig Goch oedd y gyntaf un i sylweddoli fod y Frenhines Vicky wedi mynd i ffwrdd. Dywedai'r Brenin Brian ei bod hi, mae'n siŵr, wedi bod yn sbecian allan o'r tu ôl i'r llenni yn ei gwylio hi'n mynd. Beth bynnag, roedd hi ar riniog y drws y bore wedyn ac fe fyddai hi wedi sgubo i mewn efo'r poteli llefrith pan agorodd y Brenin Brian y drws i ddod â nhw i'r tŷ petai hi wedi cael hanner cyfle.

'Fedri di byth wneud, Brian Brici,' llefodd arno. 'Fedri di ddim.'

'Dwi'n llwyddo'n iawn, diolch yn fawr i bawb.'

'Gwaith merch ydi cadw tŷ a magu plant.'

'Peidiwch â siarad drwy'ch het!' oedd ateb y Brenin Brian. 'Merched yn gallu dreifio bysys, yn tydyn? Yn gallu bod yn filfeddygon. Yn gallu trwsio ceir. Yn tydyn? Yn tydyn?'

'Wel . . . wel ydyn . . . ond . . .'

'Felly pam na fedr dynion wneud bwyd a llnau tŷ?'

'Ie. Ond dydi dynion ddim yn medru . . .'

'Ddim yn medru beth ?'

'Gwneud bwyd a chadw tŷ yn lân.'

'Peidiwch â malu awyr, ddynes! Wrth gwrs eu bod nhw.'

'Ond fedri di ddim gwneud bwyd, Brian Brici!'

'Wrth gwrs y medra i! Pawb yn medru gwneud tamaid o fwyd, yn tydyn? Ac mae 'na lyfrau, yn toes?'

'Llyfrau? Llyfrau? Fedri di ddim bwyta llyfrau.'

'Deffrwch, ddynes! Llyfrau sy'n dweud sut mae gwneud bwyd.'

'Oes. Ond . . .'

'Ond be?'

'Wel . . .'

'Dwi'n medru darllen, yn tydw? Os ydw i ddim yn gwybod sut i wneud rhywbeth mi fedra i ddarllen llyfr a gwneud yn union beth mae'r llyfr yn ei ddweud.'

'A beth am y genod bach? Mi gân nhw gam.'

'Ddim gen i.'

'Ond llnau'r tŷ . . .'

'Pawb yn medru cadw'i le yn lân. Neu os nad ydyn nhw, maen nhw i fod i fedru.'

'Mi fedrwn i helpu . . .'

'Dwi'n llwyddo'n iawn, diolch yn fawr i bawb,' meddai'r Brenin Brian, a chau'r drws yn glep bron iawn ar drwyn y Ddraig Goch gan rwgnach y byddai hi'n bachu ar y cyfle i sbaena'n fusneslyd ym mhob twll a chornel y munud y câi hi flaen ei throed dros y rhiniog.

Un peth oedd yn anodd i'r brenin Brian oedd prynu dillad i'r ddwy dywysoges fach. Doedd o byth yn siŵr beth i'w brynu.

'Dwi'n gwybod. 'Na i dy helpu di, Dad,' meddai'r Dywysoges Joanna. Ac fe wnaeth hi hefyd.

Ond bob hyn a hyn pan fyddai hi ddim yn gwybod rhai pethau fe fyddai hi'n dweud,

'Biti na fyddai gynnon ni nain, yntê Dad?

59

Mae gan Ceri Ann, fy ffrind i, nain ac mi'r oedd hi'n helpu ei thad hi i ofalu amdani hi pan oedd ei mam hi yn yr ysbyty.'

Ond doedd ganddyn nhw ddim nain. Roedd mam y Frenhines Vicky yn byw yn bell, bell i ffwrdd a doedd y Dywysoges Joanna na'r Dywysoges Dana ddim yn ei chofio hi a doedd hi byth yn dod ar eu cyfyl nhw beth bynnag, ac roedd mam y Brenin Brian wedi marw cyn i'r un ohonyn nhw gael eu geni.

'Rhoi rhyw hen fwydydd parod, rhyw hen sothach allan o bacedi, ym moliau'r genod bach yn lle bwyd maethlon. Byw ar fwyd o'r siop tships ac o'r Chinese,' meddai'r hen Ddraig Goch un diwrnod.

Fe glywodd y Dywysoges Joanna. Wedi mynd i'r siop roedd hi a'r Dywysoges Dana. Fe gaeodd y Ddraig Goch ei cheg fawr yn glep pan drodd ei phen a gweld pwy oedd wedi dod i mewn i'r siop ond fedrai hi ddim newid ei hwyneb. Gwyddai'r Dywysoges Joanna yn syth bin mai sôn amdanyn nhw roedd hi.

Felly, yn lle prynu fferins fel roedd hi wedi'i fwriadu efo'r arian a gawson nhw gan ffrind i'w tad, fe ddywedodd hi fel fflach,

'Dau afal, os gwelwch chi'n dda.'

'Ond dwisio . . .' meddai'r Dywysoges Dana yn syn.

Gwyddai'r Dywysoges Joanna yn iawn ei bod hi'n mynd i ddweud eu bod nhw wedi cael arian i brynu fferins. Torrodd ar ei thraws yn gyflym a dweud,

'Ydw. Dwisio siocled hefyd. Ond ti'n gwybod yn iawn beth mae Dad yn ei ddweud. Dim ond unwaith yr wythnos 'dan ni'n cael fferins. Dydyn nhw'n ddim lles i'n dannedd ni.'

'Meddwl fod yn well imi ddweud hynna rhag i'r hen Ddraig Goch ddechrau cega am nad ydan ni ddim yn cael fferins a dweud fod gynnon ni dad creulon,' eglurodd i'r Dywysoges Dana ar y ffordd adref. 'Mae hi'n ddigon o hen gnawes.'

Chwarddodd y Brenin Brian yn harti braf pan glywodd o'r stori. Roedd o'n falch iawn o'r ddwy dywysoges fach am iddyn nhw fod mor gall. Cododd y ddwy yn ei freichiau cryfion a'u swingio rownd a rownd yn falch nes eu bod nhw'n gweiddi chwerthin.

'A gobeithio fod yr hen Ddraig Goch yn clywed,' meddai. 'Iddi gael deall eich bod chi'n hapus ac yn cael sbort.'

'Fydd y Ddraig Goch yn cael sbort weithiau, Dad?' gofynnodd y Dywysoges Joanna. 'Ydi hi'n hapus?'

'Fydd hi byth yn chwerthin,' meddai'r Dywysoges Dana. 'Bechod.'

Ond doedd y Brenin Brian ddim yn gwrando. Roedd o'n brysur yn meddwl.

'Ydach chi'n meddwl ei bod hi wedi bod yn busnesu yn y bin?' gofynnodd yn sydyn.

'Yyyy?' gofynnodd y ddwy dywysoges fach yn hurt. 'Yyyy?'

'Wel! Does 'na ddim esboniad arall.'

'Am beth?'

'Eich bod chi'n cael bwyd parod allan o bacedi.'

'Dweud rhywbeth-rhywbeth oedd hi, Dad.'

'Rhyfedd ei bod hi'n ei ddweud o a ninnau wedi cael bwyd Tseineaidd neithiwr a'r dysglau gloywon a'r papurau lapio ar ben y bin bore 'ma yntê?'

Ac wrth gwrs roedd hi'n ddiwrnod lorri ludw a'r Brenin Brian wedi rhoi'r bin allan ar y palmant y peth olaf cyn mynd i'w wely y noson cynt gan fod y lorri yn dod cyn codi cŵn Caer yn y bore.

Doedd y Brenin Brian ddim eisio rhoi esgus i'r Ddraig Goch weld bai, meddai fo. Dim un esgus. Felly, byth ar ôl hynny pan fydden nhw'n dod yn ôl o Tesco ar ôl prynu bwyd am yr wythnos, byddai'n gofalu fod bresych a brocli, letys a moron, nionod a chennin, afalau, orenau a bananas i'w gweld yn glir ar ben y bagiau plastig. Oherwydd gwyddai i sicrwydd fod y Ddraig Goch yn eu gwylio'n dod adref.

'Ella nad ydan ni ddim yn ei gweld hi, ond mae hi'n ein gweld ni,' fyddai o'n ei ddweud bob amser.

Yn fuan iawn ar ôl hynny, yn yr ysgol, fe dynnodd y Dywysoges Joanna lun o ddraig goch fawr yn sgyffowla mewn bin sbwriel a'r lleuad yn sbecian arni o'r tu ôl i'r cymylau.

'O! Digon o sioe!' meddai'r athrawes. 'Digon, digon o sioe! O! Joanna! Mae o'n llun gwych. Dyna syniad ardderchog!'

Ac fe chwarddodd hi a phawb arall yn y dosbarth. Roedden nhw'n meddwl ei fod o'n ddoniol iawn. Doedd y Dywysoges Joanna ddim. Ofn y byddai'n digwydd eto oedd hi. Ofn y byddai'n digwydd ac ofn beth fyddai'n digwydd iddi hi a'i chwaer fach wedyn pe bai'r hen Ddraig Goch annifyr yn darganfod tystiolaeth eu bod nhw'n byw ar fwydydd parod a ddim yn cael digon o fwyd maethlon ac yn rhuthro i ddweud wrth bobl y Gwasanaethau Cymdeithasol. Roedd ei phen hi'n llawn o hen luniau bach cas o bobl yn dod i'w castell nhw ac yn cipio'r ddwy dywysoges fach oddi ar y Brenin Brian ac yn mynd â nhw i ffwrdd i ryw gartref plant neu at ryw fam faeth a Dana yn crio a hithau'n methu bod yn ddewr ac yn anghofio ei bod yn hogan fawr ac yn crio efo hi. Doedd hi ddim eisio mam faeth. Roedd ganddi hi dad ac roedd hi'n gwybod hefyd mai dim ond ar ei haelwyd ei hun yng nghastell y Brenin Brian roedd hi'n dywysoges fach. Fyddai hi ddim yn dywysoges fach yn unman arall.

Roedd y Dywysoges Joanna a'r Dywysoges Dana a'r Brenin Brian yn cael bywyd llawen a dedwydd iawn yn y castell. Yr unig ddrwg oedd fod y dyfnjwn drws nesaf. Dyfnjwn y Ddraig Goch. A doedd y Ddraig Goch byth yn gadael y dyfnjwn. Roedden nhw'n gwybod ei bod hi yno bob amser . . . a'i llygaid treiddgar yn colli dim byd, yn gwylio ac yn gwylio. Disgwyl i'r Brenin Brian wneud camgymeriad oedd hi iddi hi wedyn gael brolio,

'Fi oedd yn iawn.'

Roedd y Brenin Brian yn benderfynol na fyddai hi byth bythoedd yn cael dweud hynny. Roedd y Dywysoges Joanna hefyd. Hi oedd tywysoges hynaf y Brenin Brian. Fe fyddai'r Dywysoges Dana hefyd wedi bod yr un mor benderfynol bob tipyn, ond roedd hi'n rhy fach. Tywysoges ieuengaf y Brenin Brian oedd hi.

'Dwi'n llwyddo i edrych ar ôl fy nwy dywysoges fach yn dda iawn, diolch yn fawr i bawb,' meddai'r Brenin Brian bob hyn a hyn.

Ac roedd o hefyd.

Doedd Dana ddim wedi cysgu erbyn imi orffen y stori ond ddywedodd hi ddim byd chwaith. Gorweddai yno'n sugno'i bawd ac yn edrych arna i. Er ei bod hi'n gynnes o dan y dwfe roedd fy nhu mewn i'n oer fel rhew a'r gwynt yn dal i chwythu a'r glaw yn dal i ddisgyn y tu allan a Dad ddim yna i'n cadw ni'n ddiogel. Syllais ar y nenfwd. Roedd hi'n hawdd iawn dychmygu'r hen Ddraig Goch yn hofran fel rhyw ystlum dieflig yn rhywle uwchben y tŷ, ei chynffon yn cyhwfan yn ddichellgar a'i llygaid pelydr X yn treiddio drwy'r to i rythu arnon ni.

Codais o'r gwely yn sydyn a rhedeg i lofft Dad. Roeddwn i'n ôl mewn dau funud ac un o'i jympars yn fy mreichiau. Yr un roedd o'n ei gwisgo cyn newid i fynd i'r parti. Cydiais ynddi'n dynn yn fy mreichiau wedi mynd yn ôl i'r bync isaf at Dana. Fe afaelodd hithau ynddi hi hefyd ac fe rwbion ni'n dwy ein hwynebau ynddi hi ac roedd ogla Dad arni'n braf, braf fel petai o yno efo ni ac fe swation ni'n glòs ar ein gilydd gyda'r jympar rhyngon ni ac o'r diwedd fe gysgon ni'n dwy.

Fe ddeffron ni'n dwy efo'n gilydd y bore wedyn a brysio i lofft Dad.

Dyna dynn oedd y sgriw yn fy mol. Roedd o mor dynn fel 'mod i bron iawn, iawn â thaflu i fyny pan welais i nad oedd o ddim yna.

Doeddwn i ddim haws â meddwl mai i lawr y grisiau roedd o chwaith. Roedd y tŷ yn dawel, dawel. Doedd Dad ddim wedi dod adref. Oedd o wedi mynd am byth?

'Andros o barti hir!' meddai Dana yn syndod o lon. 'Hei, Jo-Jo, be 'dan ni'n mynd i'w gael i frecwast?'

'Tôst,' atebais. 'Ac wy wedi ei ferwi.'

Yn y meicro. Lwcus inni brynu'r pethau bach plastig pwrpasol yna ar stondin y farchnad un bore Sadwrn.

'Www! Neis!' meddai Dana ac i ffwrdd â hi i'r stafell molchi.

Diolch byth. Doedd gynnon ni ddim byd arall. Roedd bwyd a phres i brynu bwyd yn dechrau mynd yn broblem go iawn. Ac os oedden ni'n cael wy i frecwast, beth oedden ni'n mynd i gael i swper? Diolch byth ein bod ni'n cael cinio yn yr ysgol a'n bod ni'n ei gael o am ddim rŵan.

Berwais y ddau wy olaf ond fwytaodd Dana ddim ond hanner ei hun hi.

'Be sy'n bod?' gofynnais. 'Dwi 'di'i 'neud o'n union fel rwyt ti eisio fo: y gwynnwy'n galed a'r melynwy'n feddal.'

''Di cael digon. Bwyta di o, Jo-Jo.'

Ac fe wnes i. A'r rhan fwyaf o'i thôst hi hefyd. Wedyn fe aethon ni i chwilio am ddillad glân i fynd i'r ysgol ac roeddwn i'n falch iawn nad oedden ni ddim yn gorfod gwisgo dillad ysgol arbennig. Gwnâi unrhywbeth y tro. Ond roedd yn rhaid i'r dillad fod yn lân. Roedd y dillad roeddwn i wedi eu golchi yn lân ond roedd rhai ohonyn nhw'n dal yn damp felly fedren ni mo'u gwisgo nhw. Doedd yna ddim nics glân i Dana felly fe wisgodd hi bâr o'm rhai i a doedden nhw ddim llawer rhy fawr iddi ond fe ddechreuodd hi gwyno'n biwis.

'Dim ots. Ti'n gwisgo trowsus. Mi gadwith y trowsus y nics i fyny'n iawn,' meddwn i. 'Ty'd 'laen rŵan neu mi fyddwn ni'n hwyr.'

Cydiais yn ei llaw. Doedd hi ddim yn arfer bod fel hyn, yn biwis a chroes, ond gwyddwn yn iawn beth oedd yn bod arni. Colli Dad oedd hi. Roedd arna innau hiraeth mawr amdano fo hefyd. Roedd o fel hen lwmp mawr cas yn fy ngwddw a'r hen sgriw tynn, tynn yna yn fy mol o hyd. Ond fedrwn i ddim dweud wrth neb. Yn arbennig wrth Dana. Fi oedd ei chwaer fawr hi. Roedd yn RHAID i mi fod yn ddewr.

Tra oedden ni'n brysio heibio i Tesco, pwy welais i ond Lisa. Mae'r lle gwerthu cwrw a diodydd wrth ymyl y drws ac ar y cownter yno y mae hi'n gweithio. Roedd hi newydd agor y drws pan welodd hi ni'n mynd heibio.

'Haia, genod!' galwodd, a chamu allan aton ni. 'Hei, sut hwyl sydd ar eich tad?' gofynnodd.

Mi es i'n chwys oer drosof. Ofn i Dana ddweud y gwir a chyfaddef na wydden ni ddim sut roedd o. Ond roddodd Lisa ddim cyfle inni ateb. Doedd o ddim yn gwestiwn roedd hi'n disgwyl ateb iddo mae'n rhaid.

'Welais i o pnawn Sadwrn,' meddai hi. 'Mi ddaeth o yma i brynu potel o wisgi i fynd efo fo i barti . . .'

Ac fel fflach cefais syniad.

'O, ie! Y parti hwnnw ym Mharc yr Hafod? Oeddet ti'n mynd hefyd?' gofynnais yn ddi-hitio fel petawn i'n malio dim.

'Ro'n i'n meddwl mai ar stâd Glanrafon roedd y parti. Parti Carys ac Elwyn oedd o, yntê? Na, do'n i ddim yn mynd. Roeddwn i wedi addo gwarchod i'm chwaer . . .'

Ac ar hynny galwodd un o ferched eraill y siop arni ac fe drodd hi draw oddi wrthon ni a mynd yn ôl i mewn.

Wrth fynd heibio Tesco a'r banc a chroesi'r ffordd ar draws y groesfan sebra ac ymlaen wedyn i fyny'r allt i'r ysgol roeddwn i'n meddwl am yr hyn roedd hi wedi'i ddweud. Doeddwn i ddim wedi dweud yr un gair wrth Dana, ond erbyn hyn roeddwn i wedi dechrau meddwl y byddai'n rhaid inni fynd i chwilio am Dad. Dyma hi'n ddydd Mawrth.

Dydd MAWRTH a dim golwg ohono fo . . .

'Wel,' meddyliais. 'Dyma be ydi lwc! Cael gwybod ble'r oedd y parti.'

Wyddwn i ddim ble i ddechrau chwilio amdano fo ond rŵan roedd yna obaith.

Mi fedren ni fynd i chwilio am stâd Glanrafon, yn medren? A holi ble'r oedd Carys ac Elwyn yn byw? A mynd yno a gofyn . . . a gofyn . . . a gofyn be????

Ydi Dad yma?

Ydi Dad yma? Ac os ydi o yma, pam? Pam mae o wedi aros yma mor hir? Ac os nad ydi o, wyddoch chi ble mae o? Achos dan ni ei angen o. Ei angen o'n ofnadwy.

'Cofia di ei bod hi'n gyfrinach FAWR,' siarsiais Dana gan sibrwd yn ddistaw bach yn ei chlust wrth ei gadael yn ei dosbarth wedi cyrraedd yr ysgol ac i ffwrdd â fi i'n dosbarth ni. 'Dydan ni ddim eisio i neb arall wybod nad ydi Dad byth wedi cyrraedd adref, 'sti.'

Doeddwn i'n cofio dim am y gêm bêl-rwyd.

'Anghofio'r gêm?' meddai Samantha Price yn syn. 'Sut y medraist ti, Joanna?'

'Am fod gen i gymaint o bethau eraill ar fy meddwl,' meddwn i wrthyf fy hun. 'Am nad oes yna ddim lle yn fy mhen i feddwl am ddim byd arall. Am nad oes yna ddim lle i'r un joch o ddim byd arall ynddo fo. Am fod fy mhen bach druan i'n llawn dop hyd yr ymylon o bethau fel bwyd ac arian a dillad a sut i dwyllo'r Ddraig Goch a gofalu am Dana. Am eu bod nhw i gyd yn bwysicach na phêl-rwyd. Am nad ydi affliw o ots gen i am y gêm bêl-rwyd, a dweud y gwir. Dim ffliwjan o ots am yr un fflipin gêm bêl-rwyd.'

Ond doedd wiw imi ddweud hynny wrth neb arall.

Roedd dillad y tîm yn yr ysgol ac yn syth ar ôl cinio fe aethon ni i newid. Roedd y bws mini y tu allan i'r giât yn barod ac i ffwrdd â ni i Ysgol y Parc. Roedden ni i gyd yn rhyw deimlo'n nerfus wrth feddwl am chwarae yn erbyn genod Ysgol y Parc.

'Maen nhw i gyd mor fawr!' medden ni wrth Anti Pong. 'Mor dal ac mor gryf.'

"Dach chi'n cofio'u saethwr nhw, Miss?' gofynnais gan deimlo rhyw ieir bach yr haf annifyr yn hedfan yn ôl ac ymlaen yn fy mol. 'Mae hi fetrau'n dalach na fi, Miss! Dydi hi ddim hyd yn oed yn gorfod sefyll ar flaenau 'i thraed i saethu, Miss! Mae hi'n medru sodro'r bêl yn y rhwyd dim ond wrth ei dal yn ei llaw a'i gosod yno!'

'O, Joanna! Ti'n gor-ddweud,' meddai Anti Pong. 'Dwi'n gwybod fod ganddyn nhw genod mawr yn y tîm. Ond sawl gwaith mae'n rhaid

71

imi ddweud wrthach chi fod defnyddio'ch pennau a symud yn sydyn yn bwysig? Cofiwch mai gêm tîm ydi pêl-rwyd. A rydach chi'n dîm da. Un o'r goreuon welais i yn yr ysgol 'ma erioed. Deall eich gilydd i'r dim. A Joanna, mae gen ti sbrings yn dy draed. Rwyt ti'n medru anelu'n wych. Da thi, anghofia am yr eneth dal yna!'

'Ond Miss, mae hi fel polyn lein!'

'Does gan polyn lein fawr o ben, nac oes? Cofia fod pen yn bwysig. Y cyfan sydd eisio ei wneud ydi chwarae'ch gorau a mwynhau'r gêm. Iawn?'

'Iawn, Miss,' medden ni gan grynu yn ein sodlau.

Ond er 'mod i'n digwydd rhannu sedd efo Anti Pong, wnaeth hi nac arogl hyfryd ei phersawr drud a lenwai fy ffroenau ddim byd i wneud imi deimlo'n well. Pen, wir! Dydi pen yn dda i ddim byd ichi os mai'r cyfan sy raid ichi ei wneud ydi sodro pêl mewn rhwyd.

Ond fe enillon ni'r gêm. Cael a chael oedd hi. Roedd hi'n agos iawn. 12-10 ac fe enillon ni. Yr hogan dal yn facha menyn i gyd ac yn gollwng y bêl o hyd. Mi fûm i'n andros o lwcus. Fe gawson ni ddiod o oren a bisgedi ar ôl y gêm yn Ysgol y Parc ac wedyn fe ddaethon ni'n ôl i'n hysgol ni. Roedd y gloch wedi canu a'r rhan fwyaf o'r plant wedi mynd adref.

Plygais fy sgert bêl-rwyd a'i rhoi ar ben y pentwr yn storfa'r dosbarth wedi newid i'm sgert fy hun. Wedyn tynnais y crys glas a'i stwffio i'm bag i fynd ag ef adref i'w olchi efo'r sanau. (Mwy o olchi. Oedd yna ddigon o arian ar ôl inni fynd i'r siop olchi eto?) Tynnais fy jympar dros fy mhen ac i ffwrdd â fi i lawr y coridor i adran y babanod i nôl Dana.

Doedd hi ddim yno.

'Mi fu'n rhaid inni fynd â hi adref ganol y pnawn. Doedd hi ddim yn dda,' meddai ei hathrawes wrtha i.

'BE?' sgrechiais yn ei hwyneb.

Dana yn y tŷ ei hun. EI HUN. Drwy'r pnawn.

'O! Does dim eisio iti ddychryn, 'mach i,' meddai ei hathrawes yn glên i gyd. 'Doedd hi ddim yn dda yli, ac mi gafodd ddamwain fach. Doedden ni ddim eisiau iddi hi fod yn anghyfforddus drwy'r pnawn, yn enwedig gan y gallet ti fod yn hwyr yn dod o'r gêm. Fe aeth y weinyddes feithrin â hi adref a'i gadael hi efo Nain Wilias drws nesa. Doedd dy dad ddim yn y tŷ. Wedi picio i'r siop neu'r Ganolfan Waith, mae'n rhaid, meddai Dana.'

73

Picio, wir! meddyliais wrth ruthro nerth fy nhraed ar hyd y strydoedd tuag adref. PICIO! Ble bynnag oedd o, nid wedi PICIO yno oedd o. Ond chwarae teg i Dana. Teimlwn yn falch iawn ohoni. Mae hi'n beth fach ddigon call, chwarae teg. Digon o gwmpas ei phethau. Roedd hi wedi bod yn ddigon cyflym i gynnig rheswm da iawn pam nad oedd o ddim yn y tŷ . . . Diolch byth! DIOLCH BYTH.

Ond Nain Wilias! NAIN WILIAS!

O! Ella fod Dana wedi medru lluchio llwch i lygad y weinyddes feithrin tra oedden nhw'n sefyll ar y palmant y tu allan i'r drws a neb yn ei agor o. Ac fe wyddwn i'n union beth oedd wedi digwydd tra oedden nhw yno. Y Ddraig Goch wedi eu gweld nhw, wrth gwrs, ac wedi dod allan . . .

Damwain fach!

Pawb yn gwybod beth oedd hynny'n ei feddwl. Dana angen nics glân. Ond ble ar wyneb y ddaear oedd hi'n mynd i gael nics glân yn nyfnjwn y Ddraig Goch? Yr unig nics fyddai ganddi hi fyddai ei rhai hi'i hun. Ac mi fyddai'r rheini'n ddigon mawr i fy Dana fach i fynd ar goll yn llwyr ynddyn nhw. Fe fydden nhw i fyny i rywle ymhell dros ei phen hi. Dana yn y Bermiwda shorts! Doniol

74

a dweud y gwir, ond prin y medrwn i wenu hyd yn oed.

O! HELP!

Beth oeddwn i'n mynd i'w wneud? Dana yn nyfnjwn y Ddraig Goch.

Fyddai hi ddim wedi ei llarpio hi—na fyddai?

Fyddai hi ddim wedi anadlu tân a brwmstan drosti hi a'i llosgi?

Roedd yn rhaid imi frysio, roedd yn rhaid imi redeg, roedd yn rhaid imi gyrraedd dyfnjwn y Ddraig Goch cyn i ddim byd ddigwydd i Dana . . .

Rhedeg a rhedeg er bod fy mag yn drwm, er bod fy mreichiau'n brifo, er bod fy nghoesau'n teimlo'n wan, ar frys . . . ar frys . . . ar frys . . . ar frys ofnadwy i gyrraedd adref. I gyrraedd dyfnjwn y Ddraig Goch cyn i Dana roi ei thraed ynddi ac i'r hen Ddraig Goch fusneslyd sylweddoli ein bod ni wedi bod ein hunain am DAIR noson.

Rhedeg drwy'r cefnau yn lle ar hyd y brif stryd am ei fod yn gynt yn y pnawn pan oedd y palmentydd yn llawn o bobl yn siopa ac ymwelwyr, hen bobl efo gwalltiau gwyn neu las neu biws neu ddim gwallt, efo cyrn ar eu traed, yn llusgo fel malwod. Roedd hi'n haws mynd drwy'r cefnau. Sylweddolais i ddim ble'r oeddwn i'n iawn nes roedd yn rhaid imi

aros i groesi'r stryd wrth ymyl y fflatiau.
Oedais ar fin y palmant â'm gwynt yn fyr nes
roedd hi'n glir i groesi. Ac roedd yn rhaid,
rhaid . . . rhaid . . . rhaid . . . imi fynd i achub
Dana o ddyfnjwn y Ddraig Goch.

Llanwodd fy llygaid reit i'r top o ddagrau.
Roedden nhw'n powlio i lawr fy mochau i a
fedrwn i ddim gweld i ble'r oeddwn i'n mynd
ond rhedais yn fy mlaen ar hyd y palmant.

Help! Help! Help! Roedd yn rhaid imi fynd
i helpu fy chwaer fach. Cyn iddi ollwng y
gath o'r cwd. Cyn iddi fradychu'r gyfrinach.
Os nad oeddwn i'n rhy hwyr . . . rhy hwyr . . .

Curais ar y drws ac fe'i hagorwyd yn syth
bin. Safai'r Ddraig Goch yno.

'Paid ti â phoeni, 'mach i,' meddai hi'n fêl i
gyd. 'Mae Dana fach yn iawn rŵan. Dwi 'di
rhoi Junior Asprin bach iddi hi.'

Junior Asprin? JUNIOR Asprin? Pam
roedd hi'n cadw pethau felly yn y tŷ?

Pan es i mewn drwy'r drws trwm, tywyll ac
ar hyd lobi hir, ddu i ben draw'r dyfnjwn,
dyna lle'r oedd Dana yn gorweddian ar y
gadair a'i llygaid wedi'u hoelio ar y teledu.

'Newydd ddeffro mae hi. Ti'n well wedi cael
cyntun bach a diod o de gan Nain Wilias, yn
twyt, 'mach i?'

Nodiodd Dana. Edrychodd arna i heb

ddweud dim byd, ond pan aeth y Ddraig Goch i'r cefn es ati ac fe sibrydodd,

'Doedd gen i ddim help, Jo-Jo. Wir rŵan. Roedd yn rhaid imi ddod yma. Ches i ddim dewis. Roedd hi eisio imi ddod yn ofnadwy.

"Be tisio'i 'neud?" gofynnodd Miss Owen. "Gei di ddod yn ôl i'r ysgol efo mi os wyt ti ddim eisio aros drws nesa."

'Do'n i ddim eisio aros drws nesa ond doeddwn i ddim eisio mynd yn ôl i'r ysgol chwaith!

'Ro'n i'n gwbod y byddai Darren a Wayne a Dylan yn chwerthin am fy mhen i am 'mod i eisio nics glân. Mi fyddan nhw wedi anghofio erbyn fory, yn byddan, Jo-Jo?' meddai Dana'n bryderus.

'Byddan, siŵr iawn,' cysurais hi.

'Ond . . . ond mae hi'n braf yma, Jo-Jo. Dydi o ddim yn debyg i ddyfnjwn o gwbl.'

Beth fuodd hi'n ei ddweud wrth y Ddraig Goch? Ydi hi wedi dweud . . .?

Pan ddaeth hi'n ôl o'r cefn roedd y Ddraig Goch wedi gwneud te i mi ac roedd yn rhaid imi eistedd i lawr wrth y bwrdd i fwyta. Ddywedais i ddim byd yr adeg honno chwaith. Roeddwn i bron â llwgu ac roedd yno frechdanau eog a chacen ffrwythau a phob math o fisgedi. Roedden nhw'n andros o dda a'r Ddraig Goch yn siarad drwy gydol yr adeg yn dweud mor lwcus oedd hi iddi fod yn digwydd edrych allan drwy'r ffenest pan ddaeth y ferch â Dana adref.

Digwydd, wir! Gwyddwn yn iawn beth fyddai Dad wedi ei ddweud pe clywai hynna.

O! Dad!

Doeddwn i ddim eisio meddwl amdano fo. Ofn i'r hen Ddraig Goch gyfrwys ddarllen fy meddwl i a gwybod 'mod i'n meddwl amdano fo a dechrau holi. Felly fe drois i fy mhen draw ac edrych o'm cwmpas rhag iddi edrych i mewn i'm meddwl i drwy edrych i fyw fy llygad a beth welais i ond y llun.

Ar y silff-ben-tân oedd o. Awyr las, las. Môr glasach fyth a thywod melynach na melyn a thair o genod yn sefyll arno fo. Gwelodd y Ddraig Goch fi'n edrych.

'Fy wyresau i,' meddai hi. 'Kaila, Sharleen a Dixie. Yn Awstralia maen nhw'n byw. Eu tad nhw oedd fy hogyn bach i erstalwm.'

Ac wedyn fe aeth hi'n ddistaw iawn. Cododd a mynd i estyn y llun i mi. Rhoddodd o yn fy llaw. Syllais arno a gweld fod gwallt un o'r genod yn goch ac roedd rhyw wawr goch ar y ddwy arall hefyd. Wyddwn i ddim beth i'w ddweud, felly ddywedais i ddim byd.

'Jo, os na fedri di feddwl am rywbeth call i'w ddweud, cau dy geg!'

Dyna fyddai Dad yn ei ddweud.

O! Dad!

Ac wedi imi roi'r llun yn ôl yn ei llaw hi fe syllodd y Ddraig Goch arno yn hir cyn ei roi'n ôl yn ei le a ddywedodd hithau'r un gair chwaith. Ond wrth iddi droi'n ôl o'r silff-ben-tân gwelais fod ei llygaid yn gochion ac yn llawn dagrau.

Teimlwn yn annifyr iawn. Edrychais ar Dana. Doedd hi ddim wedi sylwi ar ddim byd. Doeddwn i ddim yn hoffi edrych ar y Ddraig Goch, ond eto doeddwn i ddim yn medru peidio. Roedd fy llygaid yn cael eu tynnu ati hi fel petai hi'n fagned yn denu dur. Gwelwn y dagrau'n cronni yn ei llygaid a'i gwefusau'n crynu. O! Roeddwn i'n teimlo'n annifyr. Beth ddyliwn i ei wneud? Y Ddraig Goch yn crio. Yn CRIO.

Doedd hi ddim yn iawn anwybyddu rhywun yn crio, nac oedd? Nac oedd? Dad yn dweud hynna am gau fy ngheg. Hy! HY! Roedd hi'n iawn arno fo. Doedd o ddim yma, nac oedd? Heblaw amdano fo fyddwn i ddim yn y twll yma. Dyna oedd o'n ei ddweud wrtha i am ei wneud, ie. Ond doedd o ddim yma i'm helpu i yn y strach yma, nac oedd? Felly pam y dyliwn i wrando arno fo?

'Beth sy'n bod?' gofynnais yn betrus. 'Ym . . . ym . . . oes yna . . . oes yna rywbeth fedra i ei wneud . . . ei wneud i . . . i helpu?'

Trodd y Ddraig Goch ei chefn arna i drachefn ac ailgydiodd yn y llun. Daeth i eistedd wrth f'ochr ger y bwrdd. Thynnodd hi mo'i llygaid oddi ar y llun.

'Dydw i erioed wedi eu gweld nhw,' meddai hi'n ddistaw bach. Mor ddistaw fel mai prin y clywn hi. 'Dydyn nhw erioed wedi dod i 'ngweld i.'

'O! Bechod!' meddwn i yn jo-hoi i gyd. 'Ond mae Awstralia mor bell, yn tydi? Ac mae hi'n costio gymaint i fynd yno, yn tydi? 'Dach chi'n gwybod be? Mae gan Dad chwaer yn Seland Newydd a dydi o ddim wedi ei gweld hi ers oes pys. Dydan ni 'RIOED wedi ei gweld hi! Meddyliwch! Yr unig anti sy gynnon ni a dydan ni erioed wedi ei gweld hi. Dydi Dad ddim hyd yn oed yn gwybod a oes ganddi hi blant. Os oes ganddi hi, maen nhw'n gefndryd neu'n gyfnitherod i ni, yn tydyn . . .?'

Fe gododd hi a mynd at y dresel. Agorodd ddrôr ac roeddwn i'n dal ati i siarad a siarad fel pwll y môr am 'mod i'n teimlo mor annifyr.

'Barbara ydi ei henw hi. A doedd hi erioed yn un dda iawn am sgwennu llythyrau meddai Dad, ond roedd hi'n ffonio weithiau erstalwm pan oedd eu mam nhw'n fyw. Ond mae ffonio o Seland Newydd yn ddrud iawn, yn tydi? A dwi'n siŵr fod ffonio o Awstralia yn ddrud ofnadwy hefyd . . .'

Fe ddaeth hi'n ôl ac roedd amlen yn ei llaw. Mwy o luniau oedd ynddi hi. Tynnodd nhw i gyd allan a dechrau eu dangos imi. Doedd yna fawr o sglein arnyn nhw. Roedden nhw'n edrych fel petaen nhw wedi cael eu bodio a'u byseddu am hir iawn a gwyddwn ei bod hi wedi bod yn syllu ac yn syllu arnyn nhw.

'Dyma John Huw, eu tad nhw,' meddai hi. 'A'u mam nhw, Marina. Ond dydw i erioed wedi ei gweld hi chwaith.'

Roedden nhw'n sefyll o flaen eu tŷ. Sôn am dŷ! Anferth panferth! Palas! A sôn am posh! Posh ofnadwy, ofnadwy! Pwll nofio fel môr mawr glas. Jacwsi a *sauna* a phob peth. Patio digon mawr ichi fedru rhostio tarw cyfan yno i gael barbaciw. Lluniau eraill o'r bwthyn oedd ganddyn nhw ar lan y môr. Bwthyn! Bwthyn, wir! Doedd o ddim yn edrych fawr llai na'u tŷ nhw yn y ddinas i mi. Ac roedd eu car nhw'n edrych fel awyren. Ac fel petai hynny ddim yn ddigon, roedd ganddyn nhw gwch hwylio hefyd. Dyna hardd oedd hi. Roedd popeth yn edrych yn brydferth ac yn ddrud ac roedd gan y genod ddigon o deganau i agor siop efo nhw. Wir rŵan.

'Mae hi mor boeth yno fel bod y plant yn

medru neidio dros eu pennau a'u clustiau i'r môr neu'r pwll nofio yn eu dillad fel ag y maen nhw a phan ddôn nhw allan fyddan nhw ddim dau funud â sychu. Dydyn nhw ddim yn gorfod trafferthu i newid i ddillad nofio na dim,' meddai hi'n falch.

Ych-a-fi! Yr hen sglyfaethod bach budron! Meddyliwch am y peth! Jest meddyliwch mewn difri! Mynd i nofio yn eich dillad! Ych-a-fi!

Ond os ydyn nhw'n gyfoethog . . . nage. Nid os. MAEN nhw'n gyfoethog. Felly pam nad ydyn nhw'n dod i'w gweld hi? Pam nad ydyn nhw'n dod i weld eu nain? Tasa gynnon ni nain, mi fasa Dad yn mynd â ni i'w gweld hi, dwi'n siŵr. Neu mi fasa hi'n dod i'n gweld ni. O! Be oeddwn i'n mynd i'w ddweud? BE OEDDWN I'N MYND I'W DDWEUD? Roedd yn rhaid imi ddweud rhywbeth . . .

'Mae o'r ochr arall i'r byd, yn tydi? Pen draw'r byd. Andros o bell i deithio. Ella y basa fo'n rhy bell i genod bach fel yna deithio yr holl ffordd i'r fan hyn.'

Ochneidiodd y Ddraig Goch. Syllai ar y lluniau o hyd. Roedd yr ystafell yn ddistaw iawn. Yn ddigon distaw imi glywed tap yn diferu draw yn y gegin. Diferu drip-drip-drip. Fel yna roedd un o dapiau'r bàth yn ein tŷ ni unwaith nes i Dad roi washar newydd arno.

Fe siaradodd hi o'r diwedd,

'Petai eu tad nhw eisio imi eu gweld nhw a'u mam mi fyddai o wedi dod â nhw yma erbyn hyn. Neu mi fyddai o wedi anfon arian imi fynd yno. Mae ganddo fo ddigon o fodd. A fydd o byth yn ffonio. Byth. Dim ond ambell lythyr efo cerdyn Dolig.'

Doedd hi ddim yn siarad efo fi. Siarad efo hi'i hun oedd hi. Mentrais ddweud,

'Maen nhw'n debyg i chi.'

'Ti'n meddwl hynny?'

'Ydw. Yr un sy'n y canol yn arbennig.'

'Sharleen.'

'Hi ydi'r ddelaf hefyd.'

'Y tair yn werth y byd yn grwn gyfan, beth bynnag. Y petha bach.'

Yna casglodd y lluniau at ei gilydd a'u rhoi'n ôl yn yr amlen.

'Yn werth y byd yn grwn gyfan,' meddai hi o dan ei gwynt. 'Yn werth y byd yn grwn gyfan.'

'Prysur ydi o, mae'n siŵr,' meddwn i'n sydyn. 'Rhy brysur efo'i waith i ddod yr holl ffordd yma. Mae'n siŵr fod ganddo fo waith pwysig, pwysig i fod yn gyfoethog fel yna.'

Ond yn drist ac yn araf ysgydwodd ei phen.

'Ffraeo wnaethon ni,' meddai hi. 'Fo a fi. Ac

85

fe aeth o i ffwrdd a dydi o byth wedi maddau i mi. Cha i byth eu gweld nhw na gofalu amdanyn nhw, mae'n siŵr. A finna efo gymaint i'w ddweud wrth blant. Dwi wrth fy modd yn prynu dillad i'w gyrru iddyn nhw ar eu pen blwydd a phob Nadolig. Ond dydw i byth yn cael eu gweld nhw'n eu gwisgo a dydw i byth yn cael gwneud bwyd iddyn nhw. Byth yn cael eu gwarchod nhw fel baswn i wedi bod wrth fy modd yn eich gwarchod chi'ch dwy. Byth yn cael helpu i'w magu nhw. Byth yn cael eu cwmni nhw.'

Yna, fel petai'n rhoi rhyw sgytfa fach iddi'i hun, cododd a mynd i roi'r amlen yn ôl yn nrôr y dresel a syllu drachefn ar y llun oedd yn y golwg.

Fflachiodd mellten loyw drwy fy mhen. Dyna fi'n gwybod rŵan!

Nhw ydi trysor y Ddraig Goch. Mae hi mor falch ohonyn nhw. Ac mae hi mor drist am nad ydi hi ddim yn eu gweld nhw. Ac am ei bod hi'n drist mae hi'n anhapus. Ac am ei bod hi'n anhapus mae hi'n medru bod yn flin ac yn gas ac yn pigo ar Dad ac yn gweld bai arno fo.

Codais ar fy nhraed.

'Ty'd, Dana,' meddwn i wrthi. 'Diolch yn fawr iawn ichi,' meddwn i wrth y Ddraig Goch, 'am ofalu amdani. Mae'n rhaid inni fynd adref rŵan neu mi fydd Dad yn methu deall ble'r ydan ni.'

'O! Aros am funud bach,' meddai hi. 'Fedar Dana ddim mynd allan fel'na.'

Dyna pryd y sylwais i nad oedd Dana'n gwisgo'i dillad ei hun. 'Mi fu'n rhaid imi roi dillad glân iddi ar ôl iddi daflu i fyny,' eglurodd. 'Mae'n well iddi gael crys chwys dros y crys-T yna. Mae hi wedi oeri allan erbyn hyn.'

A dyna hi'n agor cwpwrdd y dresel a beth welwn i ond pentwr o ddillad plant. Rhai del hefyd. Del iawn. Hei! HEI! Roeddwn i wedi gweld siwtiau jogio yr union yr un fath â honna yn Ethel Austin. Ac roedd yna slipars fel'na yn Poundstretcher. Oedd. OEDD! Roedd y Ddraig Goch wedi bod yn siopa yn Ethel Austin ac yn Poundstretcher.

Mae hi'n dal i obeithio y byddan nhw'n dod i'w gweld hi ac mae hi wedi prynu dilladau ar eu cyfer nhw. A dyna pam mae ganddi hi Junior Asprin hefyd. O! Bechod! Mae hi'n disgwyl ac yn disgwyl a dydyn nhw byth yn dod. Yn gobeithio ac yn gobeithio ond dydyn nhw ddim yn dod. Dwi'n deall be ydi'r gyfrinach. Dydi tad Kaila, Sharleen a Dixie ddim yn ddigon o ffrindiau efo hi i ddod i'w gweld hi. Fo oedd ei hogyn bach hi erstalwm a dydi o ddim eisio hyd yn oed dod i'w gweld hi rŵan er ei bod hi wedi ei fagu. Kaila a Sharleen a Dixie ydi'r trysor. Mae ganddi hi ei thywysogesau bach ei hun ond dydi hi ddim haws â'u cael nhw ac mae hi'n gweld Dad a ni drws nesa . . .

Rhoddodd grys chwys glas am Dana.

'Diolch yn fawr iawn ichi,' meddwn i wedyn. 'Mi gewch chi'r dillad yn ôl.'

Gwasgais law Dana yn dynn, dynn wrth inni fynd allan. Ofn iddi roi ei thraed ynddi ar y funud olaf drwy ofyn oedd Dad wedi cyrraedd adref oeddwn i. Ond ddywedodd hi'r un gair o'i phen.

Be ydw i'n mynd i'w wneud rŵan? Be ydw i'n mynd i'w wneud?

Ofn iddi hi ddod ar ein holau ni i'n tŷ ni oeddwn i. Ofn iddi sylweddoli nad oedd Dad gartre. Ond pan geisiodd hi agor y drws i ni fynd allan cafodd drafferth. Roedd o'n anodd ei agor. Tynnodd a thynnodd arno.

'Drapia'r drws yma,' meddai hi. 'Fel yma mae o weithiau. Y pren wedi chwyddo efo'r gwlybaniaeth.'

'Peidiwch â thrafferthu. Wir rŵan. Popeth yn iawn,' meddwn i'n frysiog a llithro allan drwy gil y drws gan dynnu Dana efo mi. 'Fel yna roedd ein drws ni hefyd cyn i Dad blaenio ychydig bach ar ei ymyl o. Does dim eisio ichi ddod allan.'

Tynnais Dana yn gyflym efo mi. Eisoes roedd y goriad yn fy llaw. Stwffiais ef yn frysiog i'r twll clo a'i droi a rhuthro i mewn gan roi clep cyflym ar y drws tu cefn inni a neidio i roi'r golau ymlaen. Gyda lwc, erbyn iddi lwyddo i ddod allan, fyddai'r Ddraig Goch ddim yn sylweddoli nad oedd o wedi bod ymlaen cyn inni fynd i'r tŷ.

Llanwodd y golau llachar y lle tywyll, oer a gwag. Safodd Dana yn druenus â'i bawd yn ei cheg a rhyw edrych yn ôl dros ei hysgwydd i gyfeiriad y drws. Ddywedodd hi'r un gair ond gallwn ddarllen ei meddwl yn glir fel petai'n llyfr. Roedd hi'n brafiach drws nesaf. Tân braf, ystafell gynnes, bwyd blasus, croeso mawr. Doedd gynnon ni'r un ohonyn nhw. Dana druan. Cofiais fel y cefais gip o gil fy llygad arni'n gwneud osgo i glosio at y Ddraig Goch ac fe fyddai hi wedi rhoi sws iddi cyn inni fynd o'r dyfnjwn petai hi wedi cael cyfle. Bechod. Hogan fach oedd hi ac roeddwn i hefyd wedi bod yn falch fod rhywun wedi bod yn ffeind efo fi.

'Jo-Jo?' meddai hi â'i bawd yn ei cheg o hyd. 'Jo-Jo, pryd mae Dad yn dod yn ôl?'

Oedd o'n mynd i ddod? Dyna oeddwn i wedi ei feddwl. Doedd 'run parti yn para o nos Sadwrn tan ddydd Mawrth, nac oedd?

Doedd Mam ddim eisio gofalu amdanon ni,

nac oedd? Oedd o wedi blino gwneud hefyd? Oedd o ddim eisio ni chwaith?

'Bore fory,' addewais i Dana, 'dydan ni ddim yn mynd i'r ysgol.'

'Nac ydan?' meddai hi'n syn.

'Nac ydan. Rydan ni'n cael gwyliau bach ac yn mynd am dro.'

Meddwl mynd i Stâd Glanrafon oeddwn i. Roedd yn rhaid inni gael gwybod, yn toedd, os oedd Dad ddim yn mynd i ddod yn ôl. A dyna i ble'r oedd o wedi mynd. Felly roedd yn rhaid inni fynd yno i holi ac wedyn ella y bydden nhw'n gwybod i ble'r oedd o wedi mynd a phwy oedd wedi mynd efo fo inni gael mynd ar ei ôl o . . .

Dyna oeddwn i'n ei feddwl . . .

Roeddwn i wedi blino'n ofnadwy ar ôl y gêm bêl-rwyd a doedd Dana ddim yn dda, ac meddwn i wrthi,

'Mi awn ni i'r gwely rŵan ac mi fyddi di'n iawn yn y bore, 'sti, ar ôl cysgu drwy'r nos.'

Mi wnes i'n siŵr fod y drws wedi ei gloi ac fe aethon ni i fyny'r grisiau. Doedd ganddi hi fawr i'w ddweud wrth dynnu amdani a molchi a llnau ei dannedd.

'Ga i wisgo dillad Nain Wilias fory?' gofynnodd. 'Maen nhw'n neis.'

'Cei,' meddwn i. 'Cei.'

Unrhyw beth er mwyn heddwch.

Tynnodd ei nics a gwisgo'i choban ac wrth iddi fynd i'w gwely yn y bync gwaelod, meddai,

'Nics efo ffril a ruban a lluniau bach del. Nicyrs pwy ydyn nhw, Jo-Jo?'

Nicyrs Kaila neu Sharleen neu Dixie, wrth gwrs. Ond doedden nhw erioed wedi eu gwisgo nhw. Fydden nhw'n eu gwisgo nhw byth?

Cyn mynd i'r bync isaf at Dana fe es i at y ffenest ac agor y llenni er mwyn cael sbec allan. Roedd y stryd yn hollol wag. Edrychais i fyny ac i lawr ac roedd hi'n berffaith wag. Neb allan yn unman. Roedd hi'n dywyll ond roedd golau ar y lampau i gyd ac fe fyddwn i wedi gweld petai rhywun yn cerdded ar y palmant. Roedd yna olau y tu ôl i'r llenni ar ffenestri bron bob un tŷ yn y stryd hefyd. Yn un o'r tai dros y ffordd doedd y llenni ddim wedi'u cau ac roeddwn i'n medru gweld yn syth i mewn i'r llofft. Roedd o'n union fel llun mewn ffrâm i mi, yn un sgwâr golau yng nghanol y tywyllwch. Mae yna blant yn byw yno ond dydan ni ddim yn eu nabod nhw. Dydyn nhw ddim yn mynd i'r un ysgol â ni a fyddan nhw ddim allan yn chwarae gyda'r nos. Rhy fach, mae'n siŵr. Dau hogyn ydyn nhw ac fe welwn i eu mam yn y llofft efo nhw, yn tynnu amdanyn nhw ac yn eu rhoi yn eu gwely ac wedyn yn eistedd i ddarllen stori iddyn nhw ar erchwyn y gwely. Yna fe godrodd hi'n sydyn a dod i gau'r llenni fel petai hi wedi anghofio gwneud hynny cynt. Ac fe ddiflannodd y llun.

Llun clên oedd o. Roeddech chi'n gallu dweud wrth edrych arno fo fod y fam wrth ei bodd yn gofalu am yr hogiau bach yna. Roeddech chi'n gallu dweud ei bod hi'n braf, braf yn yr ystafell. Roedd y ddau hogyn yn ddiogel am fod eu mam nhw'n gofalu amdanyn nhw ac roedden nhw'n gynnes braf tu mewn ac yn cael sbort efo hi.

Edrychais i fyny ac i lawr y stryd drachefn ond doedd yna neb yn dod i lawr y palmant tuag at ein tŷ ni.

Doeddwn i ddim eisio meddwl am y stryd wag.

Doeddwn i ddim eisio meddwl am y llun braf chwaith. Dydi hi ddim yn braf bod y tu allan yn teimlo'n unig pan 'dach chi wedi gweld mor braf ydi hi ar rywun arall. Dydi hi ddim yn braf gweld plant eraill efo mam a chithau heb 'run a heb dad.

Dad! DAD! Lle'r wyt ti? Pam na ddoi di adref aton ni?

PAM?

Wyt ti wedi mynd at rywun arall? At . . .

'Ga i stori, Jo-Jo?' gofynnodd Dana.

'Cei siŵr. Mae gen i lot ohonyn nhw'n

berwi yn fy mhen heno,' atebais gan neidio'n sydyn, sydyn, sydyn i'r bync isaf ati a dechrau dweud stori.

LLYSFAM

Erstalwm byd, ar gwr y goedwig fawr dywyll, roedd geneth fach yn byw gyda'i thad a'i llysfam. Hi oedd cannwyll llygad ei thad ond doedd ei wraig newydd ddim yn hoffi hynny. Roedd hi'n wenwynllyd iawn o'r eneth fach. Un diwrnod, penderfynodd ei chosbi.

Coediwr oedd tad yr eneth. Cyn gynted ag yr oedd o wedi gadael y bwthyn un bore, gorfododd y llysfam yr eneth i godi o'i gwely, a heb roi dim byd i'w fwyta iddi ond hen grystyn sych diflas a diod o ddŵr oer, gyrrodd hi i chwilio am ei thad.

'Dwed wrtho am ddod adref ar unwaith,' meddai. 'Mae ei angen o arna i.'

Yna gorchmynnodd iddi fynd i gyfeiriad hollol wahanol i'r hyn roedd ei thad wedi mynd. Gwybod oedd hi y byddai'r eneth fach yn mynd ar goll yn fuan iawn ac, wrth gwrs, fe aeth hi. Crwydrodd ar hyd a lled y goedwig yn galw ac yn galw'n druenus ar ei thad. Ond doedd dim gobaith iddo'i chlywed hi oherwydd y diwrnod hwnnw doedd o ddim

yn gweithio yn y coed a gwyddai'r hen gnawes gas hynny'n iawn. Roedd o wedi mynd i weld saer yn y pentref yn bell i ffwrdd a phan ddaeth o adref roedd ei wraig yn smalio ei bod hi'n torri'i chalon am fod yr eneth fach wedi diflannu.

'Yr hen flaidd sydd wedi ei llarpio hi, mae'n siŵr,' meddai. 'Fe ddywedais i wrthi hi am beidio â chrwydro ymhell o'r tŷ.'

Ond ymhen oriau roedd yr eneth fach wedi dod ar draws y bwthyn bychan tlysaf erioed a'i ddrws ar agor led y pen. Cafodd groeso mawr gan y gŵr a'r wraig oedd yn byw yno. Doedd ganddyn nhw ddim geneth fach eu hunain ac roedden nhw'n falch iawn o'i chael hi ac fe gafodd hi fywyd llawen a dedwydd yno efo nhw am byth wedyn.

'Dwi'n meddwl fod yna rywbeth yn ddiniwed iawn yn yr eneth fach yna,' meddai'r Dywysoges Joanna. 'Hen het wirion iawn oedd hi'n mynd i grwydro drwy'r coed fel yna. Lle mewn difri calon oedd ei synnwyr cyffredin hi? Wyddai hi ddim fod dihirod drwg ym mhobman bob amser yn barod i gipio plentyn ar ei ben ei hun? Arni hi'r oedd y bai yn mynd, yntê? Ddylai hi ddim fod wedi gwrando ar ei hen lysfam gas yn dweud wrthi am wneud peth mor hurt. Dwi'n gwybod bod ei llysfam wedi dweud wrthi am

95

*fynd. Ond does dim eisio gwrando ar neb yn
dweud wrthach chi am wneud pethau hurt,
nac oes? Fasa hi ddim wedi gwrando arni
petai wedi dweud wrthi am roi ei bys yn y
tân, na fyddai? Mi ddylai hi fod wedi bod
mwy o gwmpas ei phethau o lawer. Mi fuo
hi'n lwcus ar y naw. Dyna ydw i'n ei feddwl
beth bynnag.'*

*Roedd yna fachgen yn byw ar lan afon ddofn,
lydan a llysfam oedd ganddo fo hefyd ac
roedd hi eisio ei gosbi am ddim byd. Doedd hi
ddim eisio rhannu tad y bachgen bach efo fo.*

*'Cer o dan draed,' meddai hi wrtho un
diwrnod wedi cael cefn ei gûr am ychydig
oriau. 'Paid ti â meiddio dangos dy wyneb yn
agos i'r lle yma eto nes y byddi di wedi cario
digon o ddûr o'r afon efo hwn imi wneud
bwyd inni a golchi'r dillad.'*

*Yn ei llaw roedd gogor. Rhoddodd y gogor
i'r bachgen. Roedd hi wedi gosod tasg
amhosib iddo. Ond sylweddolodd y bachgen
yn fuan iawn nad oedd ganddo obaith
cyflawni'r dasg. Felly rhedodd i ffwrdd a
dilyn yr afon nes iddi o'r diwedd gyrraedd y
môr. Ac yn y fan honno daeth ar draws
bwthyn pysgotwr a chartrefu yno gydag ef a'i
deulu yn fodlon iawn ei fyd.*

'Dwi'n meddwl mai hen ffŵl dwl oedd y bachgen yna hefyd. Mi ddylai o fod wedi lluchio'r gogor i wyneb yr hen gyrbiban gas a dweud "Cer i grafu!" wrthi hi. Dim ond lwc mwngrel oedd hi iddo yntau gael cartref da. Rhedeg i ffwrdd, wir. Doedd o ddim yn sylweddoli peth mor beryg ydi hynny? Wyddai o ddim y medrai pob math o hen bobl ddrwg fod wedi ymosod arno fo wrth ei weld o ar ei ben ei hun ac yn hollol ddiamddiffyn?'

Dyna ddywedai'r Dywysoges Joanna.

Ond mewn ffermdy unig ym mherfedd y wlad roedd geneth fach arall lle'r oedd ei llysfam yn ei chosbi hi ar yr esgus lleiaf neu yn ei chosbi hi am ddim byd o gwbl. Pam? Wel, oherwydd bod gan y llysfam honno ferched ei hun ac roedd yr eneth fach yn dlysach na nhw a doedd yr hen lysfam gas ddim yn hoffi hynny. Felly roedd hi eisio ei chosbi. A beth fyddai hi'n ei wneud ond ei hanfon i'w hystafell oer, ddrafftiog ym mhen pellaf un y tŷ a'i gorfodi hi i nyddu am oriau bwygilydd. Roedd yn rhaid iddi nyddu'r gwlân a gneifiwyd oddi ar y defaid er mwyn ei droi'n edafedd i'w wehyddu'n ddefnydd i wneud gwisgoedd a throwsusau neu i'w weu'n sioliau a sanau i'r teulu i gyd.

Cadw'r droell i droi a throi a throi â'i throed.

Bwydo'r gwlân i mewn â'i bysedd nes roedd eu blaenau yn llosgi ac yn codi'n swigod.

Gwaith anodd. Am oriau ar oriau. Heb symud. Roedd hi'n gosb ofnadwy am na fedrai hi ddim dianc oherwydd cytunai ei thad ei fod yn waith oedd yn rhaid ei wneud neu fyddai yna ddim dilladau i neb.

Draw ymhell o'r goedwig fawr dywyll a'r afon ddofn lydan a'r ffermdy unig ym mherfedd y wlad roedd y Dywysoges Joanna yn byw.

Doedd hi erioed wedi bod ar goll mewn coedwig fawr dywyll.

Doedd hi erioed wedi cyrchu dŵr o afon mewn gogor.

Ond roedd hi wedi bod yn nyddu, wedi bod yn ymdrechu i nyddu, wedi rhoi cynnig arni ac wedi meddwl a meddwl am yr eneth honno ac am gael llysfam.

Roedd o'n beth sobor o henffasiwn i dywysogesau aros gartref yn cael gwersi ar eu pennau eu hunain, ond gan fod yn rhaid i bob tywysoges ddysgu sut i fyw roedd hi'n mynd i'r ysgol fel pawb arall. Ac yno roedden nhw'n sôn am wlân, ac un mis Mehefin aeth yr Iarlles Pong â nhw i'w gweld yn cneifio defaid ar ffer.

YR IARLLES PONG ar fferm!

'*Digon i wneud i chwain chwerthin!*' *meddai Dewi Bach Dew pan glywson nhw i ble'r oedden nhw'n mynd.* '*Sgwn i beth fydd y cryfaf, persawr yr Iarlles Pong neu'r tail yn drewi?*'

Roedd Dewi Bach Dew yn meddwl ei fod o'n gwybod popeth oedd yna i'w wybod am ffermio oherwydd fod ganddo yncl yn byw ar fferm, a dangos ei hun oedd o wrth ddweud hynna. Doedd o ddim yn gwybod beth oedd cneifio, chwaith. Ddim yn cofio'r gair, medda fo, ond roedd o wedi gweld ei yncl yn torri'r blew oddi ar y defaid GANNOEDD o weithiau, medda fo.

Doedd 'na ddim drewi ofnadwy yna ond roedd y siéd lle'r oedd y defaid yn cael eu cneifio yn llawn o ogla gwlân am fod pob cnu yn llawn o saim arbennig oedd yn cadw'r ddafad yn sych pan oedd hi'n bwrw glaw, meddai Dewi Bach Dew yn glyfar i gyd. Mae'n siŵr nad oedd o'n cofio beth oedd enw côt dafad chwaith, dim ond iddo glywed un o'r cneifwyr yn galw ar i rywun ddod i lanhau'r llawr o dan ei draed rhag i'r cnu, oedd yn prysur syrthio fel côt hufennaidd oddi ar y ddafad, faeddu. Edrychai'r ddafad yn rhyfedd iawn. Hanner y maint ag yr oedd hi cynt. Ond meddyliai'r Dywysoges Joanna fod y defaid i gyd yn teimlo'n well ar ôl cael eu cneifio a'u bod nhw'n hapusach o lawer wedi cael gwared â'r hen gôt drom yna ar ddiwrnod mor boeth.

Yr wythnos wedyn fe aethon nhw efo'r Iarlles Pong i weld ffatri wlân lle'r oedd y gwlân yn cael ei olchi a'i gribo a'i nyddu a'i lifo â pheiriannau yn barod i'w wehyddu i wneud defnyddiau. A'r wythnos wedyn daeth ymwelydd i'r ysgol i'w dosbarth nhw i ddangos sut roedd hi'n nyddu. Â throell. A chafodd pawb yn y dosbarth oedd eisio gwneud hynny gynnig ar droi darn o gnu yn edafedd.

Roedd o mor anodd. Gorfod cadw'r droell i droi drwy symud y pedal oddi tani â'ch troed ac ar yr un pryd bwydo'r gwlân i mewn. Gorfod meddwl a symud eich troed a'ch dwylo drwy'r adeg. Eistedd ar stôl â'ch cefn yn brifo, eich llygaid yn llosgi a'ch bysedd yn teimlo fel bodiau. A'r ogla ar eich dwylo wedyn! Ych-a-fi! Ogla'r saim. Ogla defaid. Oherwydd roedd yn haws nyddu'r gwlân cyn iddo gael ei olchi.

'Mi fydda i'n golchi'r edafedd wedi ei nyddu ac wedyn yn ei lifo fo'n wahanol liwiau neu'n ei adael o yn ei liw naturiol hyfryd,' meddai'r ddynes, a dangos dilladau digon o sioe roedd hi wedi eu gwneud â'r edafedd

roedd hi wedi ei nyddu. Gwisgai gôt roedd hi
ei hun wedi ei gweu o edafedd a ddaethai o
gnu ei defaid hi ei hun. Ond y peth gorau gan
y Dywysoges Joanna oedd siôl baban wedi ei
chrosio ag edau fain, fain, mor rhwyllog a
chain â gwe pry cop.

'Haws nyddu wir!' meddai'r Dywysoges
Joanna wrthi'i hun. 'Haws wir! Does yna
ddim byd yn hawdd ynglŷn â fo o gwbl.'

Felly gwyddai'r Dywysoges Joanna yn iawn
cosb mor ofnadwy oedd gorfod nyddu am hir,
hir. Cosb ofnadwy oedd cosb y droell. Roedd
yr hen lysfam gas honno'n greulon iawn
wrth yr eneth fach yn gwneud iddi nyddu a
nyddu.

Ond erstalwm oedd hynny ac roedd
meddwl fod pob llysfam yn greulon yn beth
sobor o henffasiwn. Roedd y Dywysoges Joanna
wedi meddwl y byddai hi a'r Dywysoges
Dana, petaen nhw'n cael llysfam, yn cael
llysfam glên. Oherwydd roedd y Dywysoges
Joanna yn cofio fod y Frenhines Vicky wedi
bod yn gas ac nad oedd hi ddim eisio gofalu
amdani hi a'r Dywysoges Dana fach. Colli
mam glên a chael llysfam gas oedden nhw
erstalwm. Felly am eu bod nhw wedi cael
mam gas, fe fydden nhw'n siŵr o gael llysfam
glên. Dyna oedd hi wedi ei feddwl.

Doedden nhw ddim wedi cael llysfam hyd yn hyn. Ond rŵan doedd ganddyn nhw ddim tad chwaith . . . 'Be ydan ni'n mynd i'w wneud, Jo-Jo?' sibrydodd Dana yn fy nghlust. 'Be ydan ni'n mynd i'w wneud?'

Ddywedais i ddim byd, dim ond cydio ynddi'n dynn, dynn.

'Dos i gysgu rŵan,' sibrydais yn ôl.

O dipyn i beth clywais hi'n anadlu'n drymach ac yn drymach ond roeddwn i'n meddwl am bobl y Gwasanaethau Cymdeithasol yn mynd â ni o'n tŷ ni a mam faeth yn gofalu amdanom. Doedd yna ddim dewis arall os nad oedd gynnon ni fam na thad, nac oedd? Fe fyddai yna rywun a fyddai am ofalu amdanom ni, byddai? Dyna oedd y gwahaniaeth rhwng pobl ac anifeiliaid, yntê? Os nad oedd anifail yn medru gofalu am un bach, byddai'r anifail bach mwy na thebyg yn marw. Ond os nad oedd tadau a mamau yn gofalu am eu plant roedd yna bobl eraill yn gofalu amdanyn nhw, yn toedd? Dyna oedd gwaith y Gwasanaethau Cymdeithasol, yntê?

Canodd cloch y drws ffrynt.

'O! Help! Pwy sy 'na?' meddyliais gan edrych ar Dana wrth f'ochr. Roedd ei llygaid hi ar gau, ei bawd yn ei cheg ac roeddwn i'n meddwl ei bod hi wedi cysgu ers meitin oherwydd roedd ei phen wedi mynd yn drwm, drwm ar f'ysgwydd wrth imi ddweud stori. Ond rŵan teimlais hi'n stwyrian.

Pwy oedd yna?

Dechreuais grynu. Gwyddwn yn iawn nad oeddwn i ddim i fod i agor drws i neb dieithr byth. BYTH.

Ac mae'n rhaid mai rhywun dieithr oedd yno. Pwy arall fyddai'n dod?

Arhosais yn berffaith lonydd yn gwrando. Clywn fy nghalon yn curo, curo, curo. Roedd hi'n hwyr i neb fod yn curo'n drws ni. Yn dywyll. O! Beth wnawn i? Byddai pwy bynnag oedd yno'n mynd o'no. Yn bydden?

Ond canodd y gloch drachefn, a thrachefn a thrachefn ac yna daliodd rhywun ei fys ar y gloch a chanodd yn hir, hir heb stopio.

Deffrodd Dana.

'Dad 'di dod adre,' meddai hi'n falch.

'Fyddai o ddim yn canu'r gloch, siŵr iawn,' meddwn i.

'Mi fydda fo petai o wedi colli'r goriad,' meddai hi.

'Dana! Ti'n werth y byd!' meddwn i. 'Doeddwn i ddim wedi meddwl am hynna!'

Ond erbyn hyn roedden ni'n dwy hanner y ffordd i lawr y grisiau, Dana ar y blaen.

'Dad! Dad!' gwaeddodd y ddwy ohonon ni ar draws ein gilydd.

Ond wrth inni gyrraedd y drws, petrusais.

Roedd yna stori, yn toedd? Stori am yr afr fawr wedi gorfod gadael y saith myn gafr bach yn y tŷ ar eu pennau eu hunain a'u rhybuddio i beidio ag agor y drws i neb ond hi.

Ond fe ddaeth yna hen flaidd a gwatwar ei llais hi a thwyllo'r myn ieuengaf ac fe agorodd o'r drws a sglaffio'r . . .

'Paid â'i agor o!' gwaeddais ar Dana. 'Mae'n rhaid inni fod yn berffaith siŵr mai fo sy 'na.'

A dyma fi'n mynd at ffenest y ffrynt ac yn symud y cyrtans oherwydd roeddwn i'n gwybod y medrwn i weld pwy oedd yno. Er ei bod hi'n dywyll roedd golau lamp y stryd yn siŵr o adael inni weld ai Dad oedd yno.

Suddodd fy nghalon i waelodion fy sodlau. Gallwn fod wedi crio. Syrthiais i eistedd ar y llawr.

'Nid Dad ydi o?' gofynnodd Dana. Safai wrth f'ymyl yn edrych fel rhyw ysbryd bach gwelw yn ei choban. Doedden ni ddim wedi rhoi'r golau ymlaen oherwydd petai'r golau ymlaen byddai pwy bynnag oedd allan wedi'n gweld ni, yn byddai? Doedd dim eisio i rywun dieithr ein gweld ni. A rhywun dieithr oedd yno. Nid Dad oedd yno. Nid siâp Dad oedd o.

Roedd y gloch yn dal i ganu a'r sŵn yn

diasbedain drwy'r tŷ. Dechreuodd Dana grio ac roeddwn i'n flin efo hi.

'Taw!' meddwn i. 'Taw'r munud yma. Dydi crio yn ddim help o gwbl. Taw!'

A dechreuais innau snwffian. Pwy oedd y tu allan i'n tŷ ni yn trio dod i mewn . . .?

Dechreuodd pwy bynnag oedd yno guro'r drws fel petai am ei ddyrnu i lawr a rhuthro i mewn i ymosod arnon ni. Fe swation ni'n dwy'n glòs at ein gilydd ac roedden ni'n crio go iawn erbyn hyn. Syrthiai fy nagrau i ar ben Dana a cheisiais hel ei gwallt hi o'm ceg ac yna clywais glep y twll llythyrau a llais yn gweiddi,

'Joanna! Dana!'

Sefais yn hollol lonydd yn cydio'n dynn, dynn yn Dana.

'Joanna! Dana! Sue sy 'ma. Agorwch y drws! O! Agorwch y drws!'

SUE.

'Be 'dan ni'n mynd i'w wneud, Jo-Jo?' sibrydodd Dana.

'Dydi hi ddim yn ddiarth,' meddwn i'n araf. 'Rydan ni'n ei nabod hi.'

'Ond mae Dad wedi deud nad ydan ni ddim i fod i agor y drws i NEB.'

Roedd o hefyd. Lawer gwaith.

Ond doedd o ddim yma, nac oedd? Ddim wedi bod yma ers amser hir iawn. Ac roedden

106

ni yma'n hunain. Roedd Dana yn rhy fach. Fi oedd yn gorfod penderfynu beth i'w wneud. Doedd Dad ddim wedi dweud wrthon ni am beidio ag agor y drws i ffrind iddo fo pan oedden ni wedi bod ein hunain am hir, nac oedd? Felly roedd yn rhaid imi ddefnyddio fy synnwyr cyffredin, yn toedd?

'O! Genod! Agorwch y drws!' llefodd Sue yn bryderus a sŵn crio mawr yn ei llais.

'Brei sydd wedi 'ngyrru i,' gwaeddodd. 'Fedar o ddim dod ond mae o wedi 'ngyrru i. O! Agorwch y drws!'

Ac fe es i i agor y drws, a phan wnes i bu bron i Sue syrthio i mewn ar ein pennau ni. Cydiodd ynon ni'n dynn.

'O, dwi'n falch!' meddai hi drosodd a throsodd. 'O, dwi'n falch! Ro'n i'n meddwl nad oeddech chi ddim yma. Ro'n i'n meddwl fod rhywbeth 'di digwydd i chi. O, dwi'n falch! Ydach chi'n iawn? Ydach chi'n siŵr eich bod chi'n iawn?'

'Ble mae Dad?' gofynnodd y ddwy ohonon ni ar draws ein gilydd. 'Sue, ble mae Dad?'

Pan ddywedodd hi wrthon ni ei fod o yn ei fflat hi, gwylltiais.

'Be mae o'n ei wneud yn fanno a ninnau eisio fo?' gwaeddais.

'Gwranda am funud bach,' meddai Sue. 'Newydd gyrraedd mae o. Does dim chwarter awr ers pan mae o wedi dod ata i. Rŵan, dowch. Gwisgwch amdanoch. Dach chi'n dod yn ôl efo fi.'

'Pwy sy'n deud?' cegais yn flin. 'Pwy sy'n deud? Jest 'run fath â phobl. 'Run fath maen nhw bob tro. Disgwyl i blant neud yn union be maen nhw'n ei ddeud. Neb yn egluro inni pam a neb yn gwrando arnon ni. NEB. BYTH. Gorfod gwrando ar bobl mewn oed BOB AMSER.'

'Dy dad sy'n deud.'

'Ie. Iawn. Dad sy'n deud. Iawn. Dwi'n coelio. Ond mae o'n disgwyl i ni wneud be mae o'n ddeud ond dydi o ddim wedi bod ar ein cyfyl ni a . . .'

'Ond fedrwch chi'ch dwy ddim aros mwy ar eich pennau eich hunain . . .'

' . . . a mae o wedi'n gadael ni. Dwi ddim eisio mynd i unman o'n tŷ ni.'

Meddwl eu bod nhw'u dau wedi bod yn cael sbort oeddwn ni. Cael sbort a ni'n dwy wedi bod yn cael amser ofnadwy . . .

'Gwranda, Jo,' meddai Sue. 'Gwranda. Newydd gyrraedd ata i mae dy dad. Mi yrrodd o fi i'ch nôl chi y munud y cyrhaeddodd o.'

'Ond os ydi o eisio ni, pam na ddaw o i'n nôl ni ei hun? Pam na ddaw o adre aton ni?'

'Fedar o ddim,' meddai Sue mewn llais distaw bach, ac fe ddechreuodd hi grio. Crio go iawn. 'Gwrandewch, genod. Gwrandewch,' meddai hi. 'Dwi'n gwybod eich bod chi wedi cael amser ofnadwy. Yma ar eich pennau eich hunain. Ac ofn yr hen Ddraig Goch drws nesa . . .'

Mi es i'n hollol lonydd ac yn ddistaw. Yr hen Ddraig Goch drws nesa. Bellach mi wyddwn i rywbeth am y Ddraig Goch. Mi wyddwn i fod yna reswm pam mae hi fel mae hi ac nad ydi popeth ddim yn hollol 'run fath ag y mae o'n ymddangos ar yr olwg gyntaf bob amser.

'Ie,' meddwn i'n araf. 'Ie, ond . . .'

Mynd i ddweud fod y Ddraig Goch wedi bod yn ffeind oeddwn i, ond ches i ddim cyfle. Fe ddywedodd Sue yr hanes wrthon ni. Fuo fo ddim ar gyfyl y parti. Chyrhaeddodd o ddim yno. Doedd o ddim yn mynd i'w nôl hi, meddai hi. Roedden nhw'n mynd i gyfarfod yno ac wrth iddo fynd drwy'r cefnau fe ymosodwyd arno.

'Ymosod?' sgrechiais. 'Rhywun wedi ymosod ar Dad? Pwy?'

Ond doedd neb yn gwybod. Rhyw iobos oedd wedi gweld Dad yn ennill arian yn lle'r bwci, mae'n siŵr. Unwaith y gwelson nhw fo'n mynd ar ei ben ei hun drwy'r strydoedd cefn fe neidion nhw ac ymosod arno gan obeithio cael arian. Ond chawson nhw fawr ddim am ei fod o wedi gadael y rhan fwyaf yn y tŷ. Roedden nhw'n flin am hynny ac fe dorron nhw'r botel wisgi ar ei ben o ac felly pan ddaeth rhywun ar ei draws o roedden nhw'n meddwl mai wedi meddwi oedd o a gadawyd llonydd iddo am hir. O'r diwedd fe yrrodd rhywun am ambiwlans ac fe aed â fo i'r ysbyty.

'Ac fe feddyliais i mai wedi newid ei feddwl oedd o,' snwffiodd Sue. 'Mi gafodd o fai ar gam gen i. Roeddwn i mor flin efo fo am 'mod i'n meddwl nad oedd o ddim eisio bod yn ffrindiau efo fi eto ac nad oedd o ddim yn fy ffansïo i bellach . . .'

'Fe fedrai o fod wedi dweud wrth rywun amdanon ni,' snwffiais. 'Doedd dim rhaid iddo fo'n gadael ni ein hunain.'

'Jo, wyddai o ddim.'

'Be ti'n feddwl? Wyddai o ddim, wir! Wrth gwrs ei fod o'n gwybod ein bod ni'n dwy yn y tŷ ein hunain!'

'Wyddai o ddim pwy oedd o.'

'WYDDAI O DDIM PWY OEDD O! O! Sue! Paid â malu awyr. Jest 'run fath â phobl mewn oed eto. Meddwl fod plant yn hurt. Wel tydw i ddim, yli!'

'Roedd o'n anymwybodol, Jo. Mi fuo fo'n anymwybodol o nos Sadwrn tan pnawn 'ma. Mae o wedi cracio'i 'sennau a thorri'i goes ac mae'n rhaid ei fod o wedi cael andros o gnoc ar ei ben. A'r peth cyntaf ddaeth i'w feddwl pan ddaeth o ato'i hun a sylweddoli beth oedd wedi digwydd oedd eich bod chi'ch dwy yn y tŷ eich hunain. Felly mae o wedi dod allan o'r ysbyty heb ganiatâd. Mi ddywedodd o ei fod o'n mynd adref. Mi wrthodon nhw. Mi fynnodd o fynd a chymryd tacsi i'm fflat i.'

Roedd sŵn crio mawr yn ei llais hi.

'Ond pam na fasa fo'n dod adref aton ni?' gofynnodd Dana.

'Ie. Pam na fasa fo? Roedden ni'n dwy ei angen o'n ofnadwy.'

'O, Jo, defnyddia dy ben! Pam wyt ti'n feddwl?'

'Oherwydd y Ddraig Goch,' meddwn i'n araf gan ddechrau teimlo ychydig bach yn well. Sychais fy llygaid â chefn fy llaw. Doedd o ddim wedi troi'i gefn arnon ni'n dwy. Doedd o ddim. Doedd yr hen sgriw yna yn fy mol i ddim yn teimlo mor dynn rŵan. 'Oherwydd nad oedd o ddim eisio i'r Ddraig Goch ei weld o'n dod adref a sylweddoli inni fod ein hunain. Meddwl y byddai hi'n siŵr o roi gwybod i'r Gwasanaethau Cymdeithasol. Gwybod y byddai o dros ei ben a'i glustiau mewn helynt wedyn.'

O! Dad! Doeddet ti ddim yn sylweddoli nad

111

*ydi hi ddim yn ffyrnig yn y bôn. Doeddet ti
ddim yn gwybod ei bod hi . . .*

'Yn hollol. Rŵan 'ta, ddowch chi efo fi?'

Ac fe aethon ni, a doedd dim ots gen i o
gwbl os oedd y Ddraig Goch yn sbecian arnon
ni. Yn un peth chofiais i ddim amdani hi, ac
yn beth arall doedd gen i ddim gymaint o'i
hofn hi am 'mod i'n gwybod pa gyfrinach
oedd hi'n ei warchod yn y dyfnjwn. A dweud
y gwir, doedd gen i ddim ofn o gwbl.

Dychrynais yn ofnadwy pan welais i Dad yn
gorwedd ar y setî yn fflat Sue. Roedd ganddo
blaster dros un goes a bandej mawr rownd ei
ben ac roedd ei wyneb yn felyn ac yn ddu
drosto.

'Dwi ofn rhoi sws iti, Dad, rhag imi dy frifo
di,' meddwn i, a dechrau crio.

Roedd Dana wedi neidio ar y gwely a
swatio yng nghesail Dad, ac yn ofalus
dringais innau i'r ochr arall ac fe arhoson ni
yno am dipyn a Dad efo braich am bob un
ohonon ni. Ro'n i'n ofnadwy o falch o'i weld o
ond roeddwn i wedi dychryn yn ofnadwy
hefyd wrth weld y plaster a'r bandej. Edrychai
fel dyn dieithr efo blew yn tyfu ar ei wyneb o
am ei fod o'n brifo gormod i shafio, meddai
Sue. Ond mi rois i sws iddo fo er bod y blew
yn cosi a dim ond llais Dad oedd yr un fath er

112

eich bod chi'n gallu dweud ei fod o wedi blino'n ofnadwy.

'A sut mae fy nwy dywysoges fach i?' gofynnodd yn wan. 'Be ydach chi wedi bod yn 'neud?'

Roedd o'n ceisio gwenu ond roedd briw mawr ar ei foch o ac roeddwn i'n gwybod fod gwenu yn ei frifo fo. Roedd Dana yn siarad pymtheg y dwsin ond roeddwn i'n cael fy llygad-dynnu gan y baglau pren oedd wrth ochr y gwely. Fedrwn i ddim peidio â syllu arnyn nhw ond roedden nhw'n codi ofn arna i. Hen bethau hyll.

'Oes rhaid iti eu cael nhw, Dad?' gofynnais toc.

'Dim ond am 'chydig nes bydd fy nghoes i'n well. Gewch chi 'ngweld i'n mynd ar wib arnyn nhw pan fyddwn ni i gyd yn mynd adref fory. Ew! Mi fydd yn sioe werth chweil i'r hen Ddraig Goch.'

Ie. Y Ddraig Goch.

Wyddai Dad ddim byd am y Ddraig Goch.

Ar hynny fe ddaeth Sue â diod inni. Yr unig ffordd roedd Dad yn medru yfed oedd drwy welltyn ac fe fyddai'n boenus iawn iddo geisio bwyta. Dywedodd Sue fod yn rhaid iddo yfed llefrith.

'Er mwyn iti gael maeth i gryfhau,' meddai hi wrtho.

113

Felly fe gafodd o ddiod siocled 'run fath â ni ond fe gawson ni fisgedi coconyt hefyd ac roedden nhw'n dda iawn.

'Gwranda, Dad,' meddwn i'n ofalus pan oedden ni ar ganol bwyta. 'Gwranda. Choeli di byth ond 'dan ni wedi bod yn y dyfnjwn. Dyfnjwn y Ddraig Goch. Dana a fi.'

Ac wedi ei ddweud o, wedi cyfaddef, edrychais arno'n herfeiddiol. Ro'n i'n meddwl y byddai o'n ffrwydro.

Wnaeth o ddim. Edrychai fel petai wedi blino gormod. Ond daeth golwg fel petai wedi dychryn yn ofnadwy dros ei wyneb.

'Roedd hi'n ffeind iawn, Dad.'

Eglurais iddo beth oedd wedi digwydd. Ochneidiodd.

'Mi fydd hi fel pla rŵan 'ta, bydd?' meddai o'n fflat. 'Â'n helpo ni!'

'Ond Dad, ddaru hi ddim sylweddoli ein bod ni ein hunain.'

'Naddo?'

'Naddo wir rŵan.'

Roedd hi'n anodd iawn, sobor o anodd dweud y peth nesa. Doeddwn i ddim yn siŵr o gwbl beth fyddai Dad yn ei ddweud. Llyncais fy mhoer.

'Dwi'n meddwl,' meddwn i'n araf, 'y basa hi wrth ei bodd yn bod yn ffrindia efo ni.'

Agorodd llygaid Dad led y pen.

'Ffrindia? Ffrindia efo ni? Mae ganddi hi ffordd od ar y naw o'i ddangos o.'

'Dweud na fedar dyn ddim gofalu amdanyn nhw mae'r hen sguthan,' eglurodd i Sue.

'Fedar hi ddim bod yn gymaint â hynny o hen sguthan os gofalodd hi am Dana a rhoi te i'r ddwy.'

'Wel . . .'

'A doedd o'n biti mawr na fedret ti fod wedi medru gofyn iddi hi eu gwarchod nhw yn y lle cyntaf? Yli'r strach fyddai o wedi'i arbed.'

Ddywedodd Dad ddim byd.

'Mae 'na dap yno'n diferu o hyd,' meddwn i'n sydyn. 'Roedd o'n mynd drip-drip-drip drwy gydol yr amser pan oeddwn i'n cael te. Mi fyddai o wedi dy yrru di'n wirion, Dad. Ac roedd y drws ffrynt yn sticio hefyd, fel roedd un tŷ ni cyn iti ei blaenio fo.'

'Dyna di dy gyfle, yli,' meddai Sue.

'Fy nghyfle i? Cyfle i be?'

'I fynd yno i ddiolch dros y genod ac i gynnig trwsio'r tap a phlaenio'r drws iddi pan fyddi di wedi gwella.'

Ddywedodd Dad ddim byd.

'Mae'n dda 'mod i'n dod efo chi felly, yn tydi?' meddai Sue.

Agorodd llygaid Dad yn fawr, fawr.

'Ydi o?' gofynnodd.

'Wel ydi. Os ydi hi wedi bod yn dweud na fedri di ddim gofalu amdanyn nhw.'

'Wyt ti?' gofynnodd Dad yn syn. 'Wyt ti'n dod efo ni?'

'Wel ydw wrth gwrs, Brian Brici.'

'Ond . . .'

'Does 'na ddim lle i ni i gyd yn y fflat yma, nac oes?'

'Nac oes . . .'

'Ac mae'n rhaid i rywun edrych ar d'ôl di a'r genod. Dowch 'laen chi'ch dwy. Gwely.'

Mi gysgodd Dana ar ei hunion yn y gwely yn llofft Sue. Roeddwn i wedi blino hefyd ond mi fûm i'n effro am dipyn bach yn pendroni. Roeddwn i wedi gwneud camgymeriad. Roeddwn i mor falch mai methu dod yn ôl aton ni oedd Dad ac nid ddim eisio dod. Mor falch. Ond mae'n rhaid 'mod i wedi cysgu yn sydyn, sydyn achos y peth nesaf wyddwn i roedd hi'n fore a Dana yn f'ysgwyd i ac yn f'ysgwyd i ac yn dweud,

'Deffra, Jo-Jo! Deffra!'

Pan agorais i fy llygaid dyna lle'r oedd hi'n sefyll wrth ymyl y gadair yng nghornel y llofft a rhyw ddilledyn yn ei llaw.

'O neis!' meddai hi. 'O! Mae o'n neis, Jo-Jo.'

Daliodd y dilledyn yn erbyn ei boch a'i

rwbio ar ei chroen. Daeth â fo i'w ddangos i mi.

'Be ydi o?' gofynnodd.

Lliw hufen oedd y defnydd ac roedd o'n esmwyth ac yn llyfn ac yn feddal; yn hardd i'w ryfeddu. Sidan oedd o. Roedd ffrilen fach gul o'i amgylch a thrwy'r defnydd roedd patrwm o rosod a dail yn gyfrodedd drwy'i gilydd. Ar bob pen ysgwydd roedd rubanau bychain fel dau rosyn crwn, pinc ar y ruban cul.

'Ffrog ydi hi?' gofynnodd.

'Nage. Nics.'

'Nics? NICS? Ti'n siŵr?'

'Ydw.'

'Ond dydi o ddim yn edrych fel nics.'

'Cami-nics maen nhw'n eu galw nhw, dwi'n meddwl.'

'O! O! Ond . . . ond doeddwn i ddim yn gwybod eu bod nhw'n gwneud nicyrs fel yna.'

'Ydyn. Ydyn maen nhw.'

Rhwbiodd Dana ei hwyneb ar y defnydd llyfn, esmwyth. Tynnodd ei llaw drosto fel petai hi'n rhoi mwythau iddo.

'Mae o'n dlws, dlws yn tydi, Jo-Jo?'

'Ydi. Ydi, mae o.'

'Nicyrs pwy ydyn nhw, Jo-Jo?'

'Nicyrs Sue, siŵr iawn.'

'Ie? Ie wir?'

118